Hacia una educación plurilingüe: herramientas y estrategias para el profesorado

COMITÉ CIENTÍFICO DE LA EDITORIAL TIRANT HUMANIDADES

Procedimiento de selección de originales, ver página web:

www.tirant.net/index.php/editorial/procedimiento-de-seleccion-de-originales

Lucila María Pérez Fernández
Patricia Bárcena Toyos
Autoras

Hacia una educación plurilingüe: herramientas y estrategias para el profesorado

tirant humanidades
Valencia, 2025

En caso de erratas y actualizaciones, la Editorial Tirant lo Blanch publicará la pertinente corrección en la página web www.tirant.com.

La publicación de este libro ha sido posible gracias a la financiación proporcionada en el marco del proyecto de transferencia del conocimiento SUBVTC-2023-0011, impulsado por la Consejería de Educación, Formación Profesional y Universidades de la Comunidad de Cantabria. Su respaldo ha sido clave para hacer realidad esta obra y contribuir al avance en el ámbito educativo.

DIRECTOR DE LA COLECCIÓN
JUAN MANUEL FERNÁNDEZ SORIA

© Lucila María Pérez Fernández
Patricia Bárcena Toyos

© TIRANT LO BLANCH
EDITA: TIRANT LO BLANCH
C/ Artes Gráficas, 14 - 46010 - Valencia
TELFS.: 96/361 00 48 - 50
FAX: 96/369 41 51
Email:tlb@tirant.com
www.tirant.com
Librería virtual: www.tirant.es
DEPÓSITO LEGAL: V-4087-2025
ISBN: 978-84-1081-238-3
MAQUETA: Disset Ediciones

Si tiene alguna queja o sugerencia, envíenos un mail a: atencioncliente@ tirant.com. En caso de no ser atendida su sugerencia, por favor, lea en *www. tirant.net/index.php/empresa/politicas-de-empresa* nuestro procedimiento de quejas.
Responsabilidad Social Corporativa: *http://www.tirant.net/Docs/RSCTirant.pdf*

Agradecimientos

Las autoras queremos expresar nuestro más sincero agradecimiento a los profesores y profesoras que participaron generosamente en las entrevistas, compartiendo sus valiosas experiencias y conocimientos. Su compromiso y dedicación han sido esenciales para dar forma al contenido de este libro.

José Manuel Alcalde Adán (IES Fuente Fresnedo)

Eukene Alonso Carral (Asesoría de Lenguas Extranjeras e Internacionalización, Consejería de Educación, Formación Profesional y Universidades de Cantabria)

M. Elda Álvarez Fernández (IES La Albericia)

Eva M. Alviz Benavides (IES Peñacastillo)

Laura Bermejo Rivadulla (CC San José Astillero)

María Natalia Cano Villabona (IES Valle del Saja)

Luis Gregorio Díaz Jorrín (IES La Albericia)

Ismael Díez Ceballos (IES La Albericia)

Darío Fernández Ruiz (IES Marqués de Santillana)

Noelia González Fernández (CEIP Alto Ebro)

Mª Isabel Herrero López (IES Marqués de Santillana)

María Pérez López (CEIP Sardinero)

Javier Martínez González (IES Cantabria)

Sonia Pérez Miguel (CEIP Marina de Cudeyo)

Diego San Millán Ramos (CC Haypo)

Marta Sánchez de la Lama (IES La Albericia)

María Luisa Seiquer (IES Miguel Herrero Pereda)

Índice

Prólogo

La enseñanza plurilingüe en España se ha consolidado como un pilar fundamental para promover el aprendizaje de lenguas extranjeras y mejorar la competencia comunicativa de los estudiantes en un mundo globalizado. Sin embargo, implementar programas bilingües o plurilingües de calidad sigue presentando retos para todos los agentes involucrados, pero especialmente, para el profesorado, que requiere un apoyo continuo, tanto en formación como en recursos prácticos. Tras más de dos décadas de enseñanza bilingüe en España, sabemos que este modelo de enseñanza, basado en la integración de contenidos y lengua extranjera aporta muchos beneficios, pero también se han hecho evidentes los desafíos a los que se enfrenta la comunidad educativa. En primer lugar, la integración de contenidos curriculares y objetivos lingüísticos sigue siendo uno de los mayores retos para los profesores debido, en gran parte, a la falta de formación específica tanto a nivel universitario como continua (Pérez-Cañado, 2021). A esta falta de formación se suma, además, una carencia de recursos prácticos y de herramientas metodológicas para que esa integración de contenidos curriculares y lengua extranjera se lleve a la práctica de manera efectiva. Por último, un sistema de coordinación sólido entre docentes, departamentos y equipos directivos es un eje fundamental en el éxito de los programas plurilingües. A pesar de ello, muchos centros no disponen de unas directrices claras para establecer un plan de coordinación del programa bilingüe y favorecer así la colaboración y el intercambio de prácticas entre docentes. Si bien es cierto que existen muchos libros y artículos académicos sobre los fundamentos teóricos del enfoque AICLE y de la educación bilingüe y plurilingüe en general, el profesorado demanda más ejemplos concretos de actividades, planificación de las clases y ejemplos de buenas prácticas que puedan aplicar en su contexto educativo.

Este libro nace como resultado de un proyecto de transferencia financiado por la Consejería de Educación, Formación Profesional y Universidades de Cantabria titulado *La integración de contenido y competencia lingüística académica en centros bilingües de Cantabria* (SUB-

VTC-2023-0011), con el objetivo de ofrecer una herramienta integral que responda a las necesidades reales de los docentes que trabajan en programas bilingües y plurilingües, y que fueron recogidas en un cuestionario administrado a todos los centros pertenecientes a dichos programas de la región. Por eso, nuestro objetivo a la hora de concebir este libro fue que sirviese como guía y apoyo para los docentes que se inician en la enseñanza plurilingüe y para aquellos que ya enseñan contenido y lengua extranjera, ofreciéndoles una aplicación práctica de los conceptos que también se recogen en este manual. El lector encontrará entre sus páginas fundamentos teóricos sobre el enfoque AICLE, explicados de forma clara y accesible, para fortalecer su comprensión y aplicación; recomendaciones prácticas para la planificación, diseño y evaluación de actividades y materiales para las clases bilingües; modelos de coordinación y estrategias para fortalecer el trabajo en equipo entre los diferentes actores educativos implicados; ejemplos de actividades reales para infantil, primaria, secundaria y formación profesional, diseñadas y puestas en práctica por profesorado de programas plurilingües en activo; y buenas prácticas de centros bilingües, que ofrecen inspiración y puntos de partida para innovar en el aula. Así pues, este manual aspira a ser un compañero de viaje para el profesorado, ofreciendo respuestas a sus inquietudes, inspiración para sus clases y apoyo en su labor diaria.

Agradecemos profundamente la colaboración de todos los docentes y centros educativos de Cantabria que han contribuido con sus experiencias y conocimientos a la creación de este recurso. Invitamos a los lectores a explorar sus páginas con una mirada abierta, reflexiva y proactiva, confiando en que encontrarán en él un valioso aliado para transformar su práctica docente.

Introducción a la enseñanza plurilingüe

La enseñanza plurilingüe ha ganado relevancia en los sistemas educativos actuales como una herramienta esencial para el desarrollo de competencias lingüísticas y académicas en, al menos, dos idiomas. Este apartado se adentra en los fundamentos y principios de este tipo de programas, proporcionando una comprensión clara de qué se espera de ellos y cómo se estructuran. En primer lugar, se explora el concepto de programa plurilingüe, abordando tanto sus objetivos como los resultados que se pueden esperar de su implementación. A continuación, se presenta el enfoque AICLE (Aprendizaje Integrado de Contenidos y Lenguas Extranjeras), que busca integrar el aprendizaje de contenidos con la enseñanza de una lengua extranjera, promoviendo una enseñanza más completa y contextualizada. Finalmente, se ofrecen orientaciones prácticas para la integración efectiva de contenido y lengua.

1. ¿Qué es un programa plurilingüe y qué esperar de él?

Un programa plurilingüe es un enfoque educativo en el que se enseña a los estudiantes en al menos dos lenguas diferentes, una de las cuales suele ser la lengua oficial y la(s) otra(s) una lengua extranjera o segunda lengua. El objetivo principal de estos programas es desarrollar competencias tanto en el contenido académico como en las habilidades lingüísticas, permitiendo a los estudiantes no solo aprender asignaturas como Música, Ciencias Naturales o Ciencias Sociales, sino también adquirir un dominio fluido en la lengua adicional. Los programas plurilingües varían en su diseño y ejecución, pero todos comparten la meta común de educar en un entorno en el que el aprendizaje de la lengua y los contenidos se integran de forma natural.

Al participar en un programa plurilingüe, las expectativas deben estar alineadas con los objetivos tanto lingüísticos como académicos. En primer lugar, se espera que los estudiantes desarrollen su **competencia comunicativa** en una segunda lengua. Sin embargo, es importante destacar que, a diferencia de los estudiantes que se encuentran en un contexto de inmersión en el extranjero, es poco probable que alcancen un nivel de competencia en la lengua extranjera igual que el de su primera lengua. La falta de una experiencia inmersiva limita la exposición constante al idioma y las interacciones en situaciones cotidianas que son cruciales para el dominio pleno de una lengua. A pesar de esto, el programa les brindará oportunidades significativas para mejorar sus habilidades lingüísticas y comunicativas, de forma que puedan llegar a desenvolverse con más confianza en la lengua extranjera en contextos reales.

De igual modo, la participación en estos programas también promueve el desarrollo de la **competencia plurilingüe**, es decir, la capacidad de los estudiantes para transferir conocimientos y habilidades lingüísticas de una lengua a otra. A medida que los estudiantes progresan en su aprendizaje, podrán utilizar lo que saben de su lengua materna para entender y aprender más fácilmente la segunda lengua y viceversa. Sin embargo, una de las preocupaciones recurrentes en las comunidades educativas es si los programas bilingües o plurilingües podrían tener un impacto negativo en el aprendizaje de la lengua materna (L1) de los estudiantes. Al respecto, estudios como los de Lorenzo *et al.* (2020) y Pérez Cañado (2018) han aportado evidencia contraria a estas preocupaciones. Lorenzo *et al.* (2020) encontraron que, aunque en contextos no bilingües el rendimiento en L1 de los estudiantes varía significativamente según el estatus socioeconómico (SES), estas diferencias se reducen en entornos AICLE, donde no se observan diferencias significativas entre estudiantes de distintos niveles de SES. Esto sugiere que la educación bilingüe es más resiliente a las desigualdades sociales, promoviendo un rendimiento más uniforme en la L1. De manera similar, Pérez Cañado (2018) halló que, aunque los estudiantes de programas bilingües obtienen resultados ligeramente mejores en su L1 en comparación con sus pares no bilingües, estas diferencias no son significativas, lo que indica que el uso de una lengua adicional no compromete el desarrollo de la lengua materna. Por lo tanto, la participación en programas bilingües no solo no afecta negativamente la competencia en la L1, sino que puede contribuir a una mayor estabilidad y desarrollo de la alfabetización en general.

Otro aspecto clave de los programas plurilingües es el **enriquecimiento cultural**. Cada lengua está intrínsecamente ligada a una cultura particular, lo que significa que, al aprender un nuevo idioma, los estudiantes también acceden a un universo de tradiciones, valores y modos de vida que son esenciales para comprender el contexto en el que se utiliza esa lengua. Debido a la naturaleza diversa de cada materia, el enriquecimiento cultural se llevará a cabo de maneras específicas y adaptadas a los contenidos que se imparten. Por ejemplo, en una clase de ciencias impartida en inglés se pueden explorar conceptos como el cambio climático utilizando datos y estudios de diferentes países, de tal manera que además de enriquecer el vocabulario técnico de los estudiantes, también tienen la oportunidad de ver cómo diversas naciones abordan el problema, destacando iniciativas y tecnologías específicas. De igual modo, en una clase de Educación Física impartida en inglés, se pueden introducir deportes populares en el mundo angloparlante, como el rugby o el *baseball* de forma que los estudiantes no solo aprenden las reglas de estos deportes, sino que también analizan cómo se organizan las competiciones en distintos países, lo que fomenta una comprensión más profunda de las diferencias culturales en el ámbito deportivo.

Además, los programas plurilingües favorecen el desarrollo de la **flexibilidad cognitiva**, entendida como la capacidad de una persona de alternar entre diferentes tareas y adaptarse a distintas estructuras mentales (Miyake *et al.*, 2000). Esta habilidad resulta fundamental, pues permite a los estudiantes hacer frente con mayor eficacia y rapidez situaciones nuevas y cambiantes. La investigación ha demostrado que el aprendizaje bilingüe está asociado con un aumento de este tipo de flexibilidad (Coyle *et al.*, 2010), especialmente en tareas con altas demandas de control cognitivo como las que implican alternancia rápida entre diferentes tipos de juicios o reglas (Costa *et al.*, 2009; Hernández et al., 2013). En este sentido, Prior y Macwhinney (2010) compararon la habilidad de estudiantes universitarios monolingües y bilingües en un "paradigma de cambio de tareas" (*task-switching paradigm*), un diseño experimental en el que los participantes deben alternar rápidamente entre tareas, lo que permite medir cuánto les cuesta adaptarse a nuevos objetivos o instrucciones. Los resultados mostraron que los estudiantes bilingües experimentaban menores "costos de cambio" que los monolingües, es decir, se adaptaban de manera más fácil y rápida a nuevas tareas después de un cambio, lo que sugiere que la experiencia constante de cambiar entre idiomas ayuda a mejorar su capacidad de cambio mental en general. Además, el estudio de Mas-Herrero *et al.* (2021) amplía esta evidencia al demostrar que los bilingües, en tareas de cambio no lingüísticas (como la clasificación de figuras geométricas por forma y orientación) muestran una ventaja en su capacidad de adaptación en condiciones de alta demanda cognitiva, con respuestas más rápidas y precisas que los monolingües. No obstante, en tareas que requieren control lingüístico, como alternar entre juicios fonológicos (por ejemplo, decidir el número de sílabas en una palabra) y semánticos (decidir si la palabra "volcán" pertenece al ámbito de la biología o de la geología), Mass-Herrero *et al.* (2021) detectaron que esta ventaja desaparece, posiblemente porque el esfuerzo de controlar dos idiomas podría reducir sus beneficios en tareas relacionadas con el lenguaje.

En cuanto a los **resultados académicos**, un programa plurilingüe bien implementado puede igualar o incluso superar los logros de los programas tradicionales. Aunque puede parecer que dividir el tiempo entre dos lenguas podría ralentizar el progreso, la realidad es que los estudiantes que estudian en más de una lengua suelen demostrar un rendimiento académico sólido en todas las áreas, como así se demuestra en el estudio de Lorenzo *et al.* (2020), quienes analizaron el rendimiento de más de 3800 estudiantes en diversas competencias académicas, teniendo en cuenta su estatus socioeconómico. Sus hallazgos revelaron que, a pesar de las diferencias en el nivel socioeconómico, los estudiantes en programas AICLE obtienen resultados comparables a los de sus pares en programas monolingües, lo que sugiere que el aprendizaje en un entorno bilingüe o plurilingüe no solo no interfiere con su rendimiento académico, sino que también puede favorecer la equidad educativa al beneficiar a estudiantes de diferentes trasfondos socioeconómicos. De manera similar, Pérez Cañado (2018) concluye que los estudiantes de AICLE superan a sus compañeros/as que reciben instrucción en la lengua materna, especialmente a largo plazo. Aunque no se encontraron diferencias significativas al final de la educación primaria, los estudiantes AICLE mostraron un rendimiento superior al final de la educación secundaria, lo que indica que un aumento en el tiempo de enseñanza y la exposición a la lengua extranjera son factores cruciales para lograr resultados académicos sólidos.

Asimismo, los programas plurilingües ofrecen importantes **beneficios afectivos**, como una mayor disposición a participar en actividades de clase y a usar activamente el idioma extranjero, lo cual se traduce en un ambiente de aprendizaje más dinámico y participativo e impacta positivamente en la experiencia educativa de los estudiantes. Llinares y Dafouz (2010) destacan que los alumnos en estos programas desarrollan habilidades como la capacidad de trabajar de forma colaborativa, adoptando una actitud abierta y positiva hacia la cooperación con sus compañeros. Además, el alumnado suele mostrar una mayor autoconfianza al enfrentarse a actividades que requieren el uso de la lengua extranjera, como presentaciones orales o discusiones en grupo, ya que perciben el entorno como un espacio de apoyo que les permite cometer errores sin temor a ser juzgados. Esta autoconfianza también se refleja en su disposición para asumir proyectos desafiantes, como debates o exposiciones sobre temas académicos en el idioma meta, demostrando una capacidad mejorada para enfrentar y superar retos lingüísticos y académicos.

Por otro lado, los programas bilingües y plurilingües pueden influir significativamente en el desarrollo de **habilidades metalingüísticas** en los estudiantes, es decir, en su capacidad para reflexionar sobre el lenguaje y comprender su estructura y funcionamiento (ter Kuile *et al.*, 2011). A través de la exposición a dos o más lenguas, el alumnado adquiere una mayor conciencia de los elementos que componen el lenguaje, lo que les permite identificar similitudes y diferencias entre las lenguas que aprenden. La investigación indica que la conciencia metalingüística está relacionada con una mayor capacidad para comprender textos, incluso en lenguas desconocidas. Edwards y Kirkpatrick (1999) sugieren que la conciencia metalingüística permite a los estudiantes razonar y aplicar la lógica al lenguaje, facilitando así la comprensión de textos escritos en un idioma que no conocen. Por ejemplo, un estudiante con una alta conciencia metalingüística puede deducir que una palabra que aparece con frecuencia en una historia, y que siempre comienza con mayúscula, probablemente sea el nombre del personaje principal (Edwards & Kirkpatrick, 1999). Además, la práctica constante en un entorno plurilingüe estimula la habilidad de analizar y manipular el lenguaje, lo que se traduce en un mejor rendimiento en tareas que requieren habilidades de pensamiento crítico y análisis. Por ejemplo, al comparar las estructuras gramaticales de las lenguas involucradas, los estudiantes desarrollan una capacidad más aguda para reconocer patrones lingüísticos, lo que beneficia su habilidad para escribir y comunicarse de manera más efectiva. Por lo tanto, el desarrollo de estas habilidades metalingüísticas no solo contribuye al aprendizaje de idiomas, sino que también tiene un impacto positivo en el rendimiento académico en otras asignaturas, ya que una comprensión más profunda del lenguaje es fundamental para el éxito en la lectura, la escritura y la resolución de problemas.

Por último, además de fomentar el desarrollo de habilidades metalingüísticas, los programas plurilingües también contribuyen al desarrollo de **habilidades metacognitivas** en los estudiantes. Las habilidades metacognitivas se refieren a la capacidad de los individuos para organizar y supervisar su propio proceso de aprendizaje (Mazzarella, 2008). Al participar en un entorno de aprendizaje plurilingüe, los estudiantes aprenden a aplicar estrategias cognitivas para alcanzar objetivos específicos, como la comprensión de un texto, así como estrategias metacognitivas que les permiten reflexionar sobre su progreso y confirmar que han alcanzado sus metas de aprendizaje. Coyle (2013) llevó a cabo un estudio en el que los estudiantes de secundaria en contextos AICLE reportaron niveles más altos de desafío cognitivo al aprender a través de otros idiomas y expresaron sentirse capaces de afrontar estos desafíos. Esto sugiere que la experiencia plurilingüe empodera a los estudiantes para que asuman un papel activo en su propio aprendizaje, aumentando su capacidad para gestionar y evaluar su progreso, habilidades fundamentales para el éxito académico en diversas áreas.

2. El enfoque AICLE (Aprendizaje Integrado de Contenidos y Lenguas Extranjeras)

El Aprendizaje Integrado de Contenidos y Lenguas Extranjeras (AICLE), conocido internacionalmente como CLIL (*Content and Language Integrated Learning*), surgió en 1994 como una respuesta innovadora a la necesidad de aumentar el tiempo de exposición a la lengua extranjera en entornos educativos. En sus inicios, se concebía principalmente como una forma eficaz de incrementar el número de horas dedicadas al aprendizaje de idiomas. Sin embargo, con el tiempo, el enfoque ha evolucionado hacia un modelo más complejo, donde la lengua extranjera no es solo un medio para la enseñanza de contenidos, sino un objetivo en sí misma (Ting y Martínez, 2018). Tal y como señalan Llul *et al.* (2018), la palabra clave en ambas denominaciones es "integrado", ya que el enfoque persigue que el alumnado aprenda simultáneamente la lengua extranjera y los contenidos curriculares, sin que ninguno de los dos elementos quede relegado en el proceso. En este contexto, la integración actúa como una potente herramienta pedagógica que utiliza la lengua no solo como medio de instrucción, sino también como uno de los principales objetivos del aprendizaje (Coyle, 2002).

El AICLE va más allá de la mera transmisión de terminología en una segunda lengua; implica la enseñanza del discurso propio de la disciplina, es decir, la forma en que los expertos en un área particular estructuran y comunican el conocimiento especializado. En este sentido, la lengua académica se convierte en una especie de "lengua extranjera" incluso en la propia lengua materna, debido a su complejidad y especificidad (Ting y Martínez, 2018). Este enfoque refuerza la necesidad de una alfabetización académica productiva, donde los estudiantes no solo dominan los conceptos, sino que también desarrollan la capacidad de reflexionar y comunicar sobre ellos de forma efectiva.

Este concepto de alfabetización académica productiva hace referencia a la importancia de que los estudiantes utilicen la lengua extranjera de manera eficiente para hablar y escribir sobre los contenidos curriculares complejos. Como señalan Ting y Martínez (2018), al final del proceso de aprendizaje en AICLE, los estudiantes deben ser capaces de utilizar la lengua extranjera con soltura en un contexto académico, escribiendo y hablando de manera precisa sobre el contenido aprendido. Esto implica que la lengua extranjera no se reduce a un medio de comunicación general o social, sino que se convierte en una herramienta clave para acceder al conocimiento especializado.

Los principios fundamentales del AICLE giran en torno a cuatro ejes: contenido, comunicación, cognición y cultura (Coyle *et al.*, 2010). El contenido hace referencia a los temas curriculares que los estudiantes deben aprender, mientras que la comunicación se refiere al desarrollo de las competencias lingüísticas en la lengua extranjera. La cognición implica el fomento de habilidades de pensamiento crítico y resolución de problemas, y, finalmente, la cultura subraya la importancia de un enfoque intercultural, ya que aprender una lengua también significa aprender sobre las culturas que están asociadas a ella (Coyle *et al.*, 2010).

Para que el AICLE funcione eficazmente, el diseño de las actividades educativas se apoya en varios principios clave. Entre ellos destacan el andamiaje, el uso de contextos auténticos y el aprendizaje colaborativo. El andamiaje es fundamental en este enfoque, ya que permite que los estudiantes reciban apoyo pedagógico para superar las dificultades cognitivas y lingüísticas que puedan surgir al aprender en una lengua extranjera. Los docentes ofrecen ayudas visuales, guías, esquemas y otros recursos para facilitar la comprensión y producción en el idioma meta, que van retirando a medida que los estudiantes ganan autonomía (Gibbons, 2002).

El enfoque AICLE también se basa en el uso de contextos auténticos y significativos, pues permite que los estudiantes empleen la lengua extranjera de manera funcional en situaciones reales, relacionadas con los contenidos curriculares. Este enfoque contextual favorece una mejor comprensión de los contenidos curriculares y permite que los estudiantes desarrollen sus habilidades lingüísticas de manera más natural y fluida.

Asimismo, el AICLE promueve un aprendizaje activo y colaborativo. Las actividades diseñadas para este enfoque fomentan la participación activa de los estudiantes y el trabajo en equipo, lo que a su vez mejora tanto el aprendizaje del contenido como el desarrollo de las competencias lingüísticas.

Finalmente, el papel del docente en AICLE es esencial. No solo debe tener un dominio profundo de la materia, sino también contar con formación en la didáctica de lenguas extranjeras. Esto implica la habilidad de anticipar las dificultades lingüísticas del estudiantado y proporcionarles las herramientas necesarias para superarlas. Además, los docentes AICLE deben fomentar un entorno donde el uso de la lengua extranjera sea natural y motivador, promoviendo la comunicación tanto oral como escrita en situaciones académicas reales.

A partir de esta concepción, surge la necesidad de comprender de qué manera se lleva a cabo esta integración entre el contenido y la lengua extranjera en la práctica. El siguiente apartado explorará cómo garantizar esta integración en el aula.

3. ¿Cómo integrar el contenido y la lengua extranjera?

En contextos de enseñanza plurilingües, se está prestando especial atención a las alfabetizaciones disciplinares; es decir, el contenido que aprenden los estudiantes está estrechamente relacionado con la forma en que lo entienden y lo comunican (Nikula *et al.*, 2024). Para que los estudiantes puedan expresar lo que saben de manera clara y efectiva, es importante que aprendan no solo la información, sino también cómo organizarla y explicarla bien. Esto les ayuda a compartir sus ideas académicas de forma adecuada.

Un modelo fundamental dentro de las alfabetizaciones disciplinares bilingües o plurilingües es el de las Funciones Cognitivo-Discursivas (FCD) (*Cognitive Discourse Functions*, CDFs, por sus siglas en inglés) desarrollado por Dalton-Puffer (2013). Las FCD sirven como un puente entre el aprendizaje del contenido y el lenguaje, ayudando a los estudiantes a desarrollar las habilidades lingüísticas necesarias para abordar y comunicar conceptos en diferentes disciplinas, ya sea en su lengua materna o en una lengua extranjera. Básicamente, son formas de hablar que conectan lo que queremos decir (intención), cómo lo pensamos (procesos mentales) y cómo lo expresamos con palabras (lenguaje). Así pues, las FCD son una herramienta que ayuda a entender cómo usamos el lenguaje para pensar y comunicar ideas en distintas áreas de conocimiento en el ámbito escolar.

En el contexto plurilingüe, las FCD se ven como una forma de apoyar el aprendizaje en varios idiomas, porque muestran que el lenguaje funciona de manera diferente en cada asignatura. Por ejemplo, en Ciencias Naturales, el estudiante podría necesitar "explicar" un proceso científico, mientras que en Literatura necesitará "evaluar" un texto. Estas funciones del lenguaje, como "describir", "clasificar" o "explicar", no solo enseñan a los estudiantes a usar el lenguaje de manera correcta, sino también a desarrollar el pensamiento crítico y el razonamiento dentro de la asignatura específica. Por lo tanto, las FCD se pueden entender como categorías que agrupan operaciones cognitivas esenciales para la construcción del conocimiento y la expresión de ideas. Dalton-Puffer (2013) propone siete FCD (Tabla 1), cada una con su propia intencionalidad comunicativa:

Tabla 1: Las Funciones Cognitivo-Discursivas (Dalton-Puffer & Bauer-Marschallinger, 2019)

Tipo de FCD y otros verbos relacionados	Intención comunicativa
Categorizar: categorizar, clasificar, comparar, contrastar, ejemplificar, emparejar, estructurar, subsumir.	Te digo cómo podemos dividir el mundo según ciertas ideas.
Definir: definir, identificar, caracterizar.	Te hablo de la extensión de este objeto de conocimiento especializado.
Describir: describir, etiquetar, identificar, nombrar, especificar.	Te doy detalles de lo que puedo ver (también de forma metafórica).
Evaluar: evaluar, argumentar, juzgar, tomar una postura, criticar, comentar, reflexionar.	Te digo cuál es mi posición respecto a X.
Explicar: explicar, razonar, expresar causa/efecto.	Te hablo de las causas o motivos de X.
Explorar: explorar, hipotetizar, predecir, especular, adivinar, estimar, simular.	Te digo algo que es potencial (es decir, no es un hecho).
Informar: informar, reportar, resumir, relatar, narrar, presentar, relacionar.	Te digo algo externo a nuestro contexto inmediato sobre lo cual tengo un conocimiento legítimo.

Fuente: Traducido de Dalton-Puffer & Bauer-Marschallinger (2019, p. 35)

Las FCD, por lo tanto, son una herramienta esencial para el diseño de tareas que fomentan el aprendizaje profundo, ya que permiten integrar tanto la dimensión conceptual como la comunicativa del aprendizaje. Por ejemplo, cuando se pide a los alumnos que expliquen la relación causa-efecto en un fenómeno histórico es necesario que organicen su pensamiento y lo expresen con claridad, lo cual es clave para la enseñanza de la historia en un contexto plurilingüe.

Muchos docentes ya están familiarizados con la Taxonomía de Bloom, que organiza el aprendizaje en niveles que van desde habilidades más básicas como recordar y comprender, hasta habilidades más avanzadas como analizar, evaluar y crear. Durante años, la Taxonomía de Bloom, y más recientemente la versión revisada de Anderson y Krathwohl (2001), ha sido una herramienta fundamental para guiar a los docentes en el diseño de tareas y en la evaluación del progreso de los estudiantes, centrándose en la manera en que estos piensan y procesan el contenido. Sin embargo, las FCD suponen ir un paso más allá, pues no solo especifican qué habilidades cognitivas se deben activar (como hace Bloom), sino que también se centran en el proceso de *languaging*, es decir, cómo los estudiantes usan el lenguaje para construir y expresar sus ideas y su comprensión del contenido. Esto significa que, a través de las FCD, no solo se pide a los estudiantes que "recuerden" o "analicen", sino que también se les guía hacia *cómo* expresar ese análisis o recuerdo mediante el lenguaje. Por ejemplo, imaginemos que un profesor de Historia está trabajando con sus estudiantes sobre el tema de la Revolución Francesa. Si este profesor sigue la Taxonomía de Bloom, podría pedir a los estudiantes lo siguiente:

· Define el término "Revolución" en el contexto de la Revolución Francesa.

· Explica las causas de la Revolución Francesa.

· Responde: ¿crees que la Revolución Francesa fue más positiva o negativa para la sociedad europea? Justifica tu respuesta.

Estos son buenos ejemplos de tareas basadas en Bloom porque organizan el aprendizaje desde lo más simple (definir o explicar) hasta lo más complejo (evaluar). Sin embargo, si ese mismo profesor se enfoca en las FCD, buscaría no solo que los estudiantes realicen estas tareas, sino que también piensen y comuniquen su comprensión del contenido a través de un lenguaje específico y adecuado. Esto significa que un estudiante que debe "definir" un término relacionado con la Revolución Francesa no solo debe recordar la definición, sino también expresar esa definición utilizando el vocabulario y las estructuras adecuadas. Por ejemplo, podría decir: "Una definición de la Revolución Francesa es el proceso social y político que ocurrió entre 1789 y 1799, durante el cual se derrocó la monarquía y se establecieron principios como la libertad e igualdad". Del mismo modo, cuando se les pide que expliquen las causas de la Revolución, no se espera que simplemente enumeren las causas. Se les debería guiar para que utilicen conectores y un lenguaje que refleje su comprensión del proceso, como: "Las causas de la Revolución Francesa incluyen la insatisfacción del pueblo debido a la carga fiscal desigual, lo que provocó una serie de protestas que finalmente llevaron a la insurrección".

Asimismo, cuando se trata de evaluar, el enfoque basado en las FCD también implica una comunicación más matizada. Un estudiante que deba responder a la pregunta sobre si la Revolución fue más positiva o negativa no solo debe dar su opinión, sino que también debe utilizar un lenguaje que articule claramente su análisis. Podría formular su respuesta de la siguiente manera: "En mi opinión, la Revolución Francesa fue en gran medida positiva, ya que introdujo principios de derechos humanos, aunque también tuvo consecuencias negativas, como la violencia extrema durante el Reinado del Terror".

Tal y como señalan Coyle y Meyer (2021), aunque los profesores tienden a centrarse en el uso de las FCD en sus instrucciones, el verdadero aprendizaje profundo solo se logra cuando los estudiantes también dominan y utilizan estas funciones de manera efectiva. Para que los estudiantes construyan y asimilen un conocimiento conceptual sólido, deben realizar estas operaciones cognitivas-lingüísticas en su propio proceso de aprendizaje. Por lo tanto, es crucial que los profesores proporcionen las estrategias de apoyo (andamiaje) y actividades prácticas necesarias para facilitar la comprensión y el desarrollo de habilidades.

Además, Coyle y Meyer (2021) señalan que cada materia tiene su propia dimensión específica en cuanto a las FCD. Por ejemplo, argumentar sobre historia implica un uso del lenguaje diferente al de las matemáticas o la geografía. Lo que hace especial al modelo de las FCD es que contribuye a fomentar la conciencia de estas particularidades, es decir, ayuda a que los estudiantes comprendan que el lenguaje varía según la asignatura y que saber cómo utilizar el lenguaje para comunicar las ideas del contenido es parte esencial del aprendizaje.

Las FCD funcionan como "microgéneros" que pueden integrarse en géneros más amplios utilizados en diversas disciplinas (Coyle y Meyer, 2021). Por ejemplo, en una unidad de Química, los estudiantes pueden comenzar describiendo el montaje de un experimento y formulando hipótesis sobre sus resultados. Tras realizar el experimento, informarán y explicarán sus hallazgos antes de redactar un informe de laboratorio, donde combinarán las funciones cognitivas en un contexto más amplio. Este proceso de integración de las funciones discursivas permite a los estudiantes descomponer géneros complejos en partes más manejables, facilitando su aprendizaje gradual y efectivo (Coyle y Meyer, 2021).

Por último, es importante destacar que no existen FCD más difíciles que otras. Aunque algunas funciones pueden parecer cognitivamente más complejas (por ejemplo, "evaluar") en realidad, todas las FCD se complementan y son interdependientes en el proceso de aprendizaje, es decir, no hay una jerarquía como en la Taxonomía de Bloom. Por ejemplo, al realizar una tarea en la que se debe "explicar" un concepto científico, el estudiante también necesita "definir" y "describir" ese concepto de manera precisa. Si no puede articular una definición clara, su capacidad para explicar y argumentar sobre el mismo se verá afectada. Por lo tanto, en un entorno de aprendizaje significativo, se debe prestar igual atención a todas las FCD, ya que su interrelación es clave para construir una comprensión profunda del contenido y para desarrollar habilidades de comunicación efectivas en diversos contextos académicos (Coyle y Meyer, 2021).

Estrategias metodológicas para el aula plurilingüe

La enseñanza plurilingüe representa un desafío y una oportunidad única para los docentes, ya que implica la aplicación de estrategias metodológicas que permitan integrar lengua y contenido de manera efectiva, al tiempo que se atienden las necesidades diversas del alumnado. En este capítulo, facilitaremos una serie de herramientas prácticas para llevar al aula plurilingües de manera efectiva esa integración, a través de la planificación de objetivos, el uso de técnicas de andamiaje, la selección de materiales, y la puesta en práctica de metodologías activas que favorecen el aprendizaje significativo.

1. Los objetivos de aprendizaje

A la hora de diseñar los objetivos de aprendizaje para el aula AICLE, debemos tener en cuenta los conocimientos y habilidades que los alumnos necesitan aprender en relación con los contenidos curriculares del área, y también con las destrezas lingüísticas, funciones discursivas y estructuras lingüísticas que necesitan para demostrarlo.

Figura 1. Objetivos de aprendizaje.

Al planificar una sesión, en primer lugar, el docente tiene que identificar los conceptos y habilidades relacionados con el tema que se va a tratar en la asignatura y que están identificados en el currículo oficial. Además, se deben definir las destrezas lingüísticas (comprensión y producción oral y escrita) necesarias para aprender y comunicar ese contenido, las funciones discursivas (por ejemplo, comparar o definir) y las estructuras lingüísticas (vocabulario específico, tiempos verbales, etc.) que utilizará el alumnado. Una vez identificados los contenidos, hay que redactar los objetivos de una manera clara y directa, centrándose en lo que los alumnos serán capaces de hacer con el contenido y cómo lo van a comunicar como resultado de la sesión. Para redactar los objetivos se utilizarán verbos que demuestren lo que los estudiantes pueden hacer, utilizando la versión revisada de la Taxonomía de Bloom de Anderson y Krathwohl (2001), por ejemplo, *identificar, interpretar, analizar* o *diseñar*. En cuanto a los objetivos lingüísticos, estos deben abordar cómo van a utilizar los alumnos el lenguaje para aprender y demostrar el contenido. Para eso, se pueden utilizar verbos que describan las funciones discursivas, como *definir, comparar* o *explicar*, junto con las estructuras lingüísticas necesarias (vocabulario académico y específico, estructuras gramaticales, etc.). En el siguiente apartado compartimos una serie de recomendaciones para diseñar y redactar los objetivos lingüísticos.

Por último, es importante asegurarse de que los objetivos de aprendizaje sean medibles y observables, y que se compartan con los alumnos/as para que comprendan qué es lo que van a aprender a hacer y cómo deben demostrarlo. Por ejemplo, en lugar de "entender los ecosistemas," un objetivo de aprendizaje de contenido observable sería "el alumnado será capaz de comparar diferentes tipos de ecosistemas utilizando un mapa conceptual". Teniendo esto en cuenta, para esa sesión, se podría redactar el siguiente objetivo de lenguaje: "los alumnos compararán los ecosistemas utilizando estructuras comparativas (*more...than; -er...than*) y vocabulario específico (por ejemplo, *habitat, terrestrial, desert, living things*)".

1.1. Recomendaciones para planificar y redactar objetivos de aprendizaje de la lengua

Al no existir un currículo integrado para asignaturas que se imparten en una lengua extranjera, no hay unas competencias establecidas en cuanto al contenido lingüístico de cada asignatura. Por eso, es necesario que el profesorado tenga en cuenta una serie de recomendaciones a la hora de identificar las necesidades lingüísticas. En primer lugar, Echevarria *et al.* (2023) sugieren que debemos identificar cómo se va a utilizar el lenguaje en la sesión o en la unidad que estemos planeando en los siguientes ámbitos:

- Textos: el lenguaje para entender y producir textos escritos.
- Habla: el lenguaje para entender los textos orales y para participar en clase.
- Tareas: el lenguaje para completar tareas.
- Tests: el lenguaje para demostrar sus conocimientos.

Una vez se han identificado las necesidades lingüísticas del tema o la unidad en los cuatro ámbitos mencionados, hay que identificar el lenguaje específico (Echevarria et al., 2023):

A. El vocabulario académico necesario para expresar la adquisición de los contenidos:

- **Vocabulario específico** del contenido, que se refiere a aquellos términos técnicos que son necesarios para aprender los contenidos de la materia. Por ejemplo, en el tema de los reinos de la naturaleza, en *Science* 4º de primaria, algunas palabras del vocabulario específico serían *protist, mushroom, photosynthesis.*

- **Vocabulario académico** general, que son los términos y expresiones necesarias para expresar conocimiento en un entorno académico, independientemente del área de conocimiento. Por ejemplo, el uso de conectores del discurso, como *additionally, but, moreover.*

- **Partes de una palabra**, como sufijos y prefijos, que al incorporarse a una raíz, modifican su significado. Por ejemplo, el prefijo *re-* (repetición) en palabras como *reread* o *recycle*; o *bio-* (vida) en palabras como *biological, biodiversity* o *biodata.*

B. Las destrezas y funciones discursivas:

- Los objetivos pueden centrarse en una o varias destrezas a la vez (comprensión y expresión oral y escrita). Por ejemplo, escuchar un audio y predecir los acontecimientos (*listen and predict*).

- Las funciones discursivas ya mencionadas en el capítulo anterior se refieren al uso del lenguaje para distintos propósitos: describir, comparar, predecir, explicar, persuadir. Por ejemplo, la estructura comparativa (*more...than* o *-er than...*) para comparar dos conceptos se puede utilizar tanto en la asignatura *Arts* como en *Biology*.

C. Las estructuras lingüísticas y gramática:

- Hay ciertas estructuras del lenguaje o estructuras gramaticales que pueden presentar problemas o que aún no se han adquirido, como por ejemplo, los condicionales (*if....then*) o la voz pasiva. En ese caso, es importante, también, identificarlas en los objetivos de aprendizaje para enseñar a los estudiantes a interpretar y comprender los textos que las contengan.

Por último, es igualmente importante redactar los objetivos de aprendizaje, tanto los de contenido como los de lenguaje, de una manera clara, concisa y que los alumnos comprendan, y que sean observables, como en los siguientes ejemplos:

Students will explain the cause-and-effect relationships of technological advancements during the Industrial Revolution, using appropriate academic language (due to, as a result of) in a written essay.

Students will describe the stages of photosynthesis, using specific vocabulary (carbon dioxide, chlorophyll) and connectors (first, finally) in an oral presentation.

2. Técnicas de andamiaje (*scaffolding*) para enseñar en una lengua extranjera

El concepto de andamiaje, o *scaffolding* en inglés, se ha convertido en un componente fundamental dentro de las metodologías educativas modernas, especialmente en el contexto del aprendizaje integrado de contenidos y lengua. Este término fue introducido inicialmente en el ámbito de la educación por Wood, Bruner y Ross (1976) durante su análisis sobre la interacción entre padres e hijos en los primeros años de vida. El andamiaje se presenta como una metáfora poderosa, representando estructuras temporales que se utilizan para facilitar el aprendizaje. Al igual que el andamiaje físico que sostiene un edificio en construcción, este soporte cognitivo es esencial para ayudar a los estudiantes a adquirir nuevas habilidades y conocimientos en un segundo idioma.

Según la teoría del constructivismo social de Vygotsky, el aprendizaje ocurre en lo que se conoce como la zona de desarrollo próximo (ZDP), un espacio conceptual que se sitúa entre el nivel actual de competencia del aprendiz y su potencial de desarrollo (Vygotsky, 1978). Este modelo sugiere que el aprendizaje es un proceso social donde los estudiantes progresan a través de la interacción con otros que poseen un mayor conocimiento o experiencia. Por tanto, el andamiaje no solo involucra el apoyo que se proporciona, sino que también implica una relación dinámica en la que el aprendiz se vuelve cada vez más autónomo a medida que adquiere nuevas habilidades (López Medina, 2022).

El andamiaje es particularmente relevante en entornos AICLE, donde los educadores deben facilitar no solo la comprensión de contenidos específicos, sino también la adquisición de un segundo idioma. A medida que los estudiantes se enfrentan a tareas cognitivas desafiantes, el rol del educador o de un compañero/a más experimentado se vuelve crucial. Este apoyo debe ser gradual y adaptarse a las necesidades del aprendiz, permitiendo que este transite desde una dependencia inicial hacia una mayor autonomía. Así, el andamiaje puede describirse como un proceso de acompañamiento que se ajusta a las capacidades del estudiante, ofreciendo ayuda cuando es necesario y retirándola a medida que el aprendizaje se consolida.

Es esencial que el andamiaje se implemente de manera consciente en el aula. Cuando las tareas son demasiado simples, el aprendiz puede experimentar aburrimiento; si son excesivamente complejas, puede sentirse abrumado y frustrado. Por lo tanto, encontrar un equilibrio adecuado en la dificultad de las tareas es fundamental para mantener a los estudiantes comprometidos y desafiados, pero no sobrepasados. Esta aproximación promueve un entorno de aprendizaje en el que el estudiante se siente apoyado, mientras desarrolla las habilidades necesarias para abordar tareas de manera independiente en el futuro (López Medina, 2022).

El andamiaje en el aula se compone de varias estrategias que los docentes pueden utilizar para ayudar a los estudiantes a aprender de manera más efectiva. Estas estrategias se adaptan a las necesidades de los estudiantes, sus habilidades lingüísticas y el contenido que están aprendiendo. A continuación, se describen algunas de las estrategias más comunes de andamiaje, útiles para aplicar en el contexto AICLE:

Figura 2. Estrategias de andamiaje.

1. Activación del conocimiento previo

Una de las estrategias más efectivas en el andamiaje es la activación del conocimiento previo. Antes de introducir un nuevo tema o concepto, es importante que los docentes se aseguren de que los estudiantes conecten lo que ya saben con lo que están a punto de aprender. Esto no solo facilita la comprensión de nuevos contenidos, sino que también permite a los estudiantes sentirse más seguros al enfrentarse a conceptos complejos en un idioma extranjero. En Pérez-Fernández (2024a) se ofrecen diversas ideas de dinámicas que pueden aplicarse en entornos plurilingües para activar el conocimiento previo del alumnado.

2. Modelado

El modelado consiste en que el docente o un compañero/a más avanzado/a demuestre cómo se realiza una tarea, proporcionando un ejemplo claro para que los estudiantes lo sigan. Esto es especialmente útil en AICLE, donde los estudiantes deben aprender no solo conceptos académicos, sino también el lenguaje específico necesario para explicarlos. Por ejemplo, en una clase de *Science* en inglés, al enseñar el ciclo del agua, el profesorado puede modelar cómo se describe cada etapa usando lenguaje específico (*First, the water evaporates... then it condenses into clouds...*). De esta manera, los estudiantes ven no solo el proceso científico, sino cómo expresarlo correctamente en inglés.

3. Andamiaje lingüístico

En AICLE, es fundamental proporcionar apoyo lingüístico adicional. Esto implica ofrecer recursos como listas de vocabulario clave, frases útiles o estructuras gramaticales específicas que los estudiantes puedan necesitar para hablar o escribir sobre un tema. Por ejemplo, utilizar los llamados marcos de escritura (*writing frames*) que consisten en proporcionar a los alumnos un esquema, una estructura o frases iniciales que sirvan de modelo o guía para desarrollar sus ideas o plasmarlas en un texto de manera coherente, utilizando estructuras sintácticas y/o gramaticales que, quizá, aún no dominen en la lengua extranjera.

4. Descomposición de la tarea

Dividir una tarea compleja en partes más pequeñas y manejables ayuda a los estudiantes a entender mejor los pasos que deben seguir. Esta técnica es esencial en AICLE, donde los estudiantes pueden sentirse abrumados por la dificultad de la tarea en combinación con el uso de una segunda lengua. Por ejemplo, en una clase de *Social Sciences*, al asignar un proyecto de investigación sobre una civilización antigua, el profesorado puede dividir la tarea en etapas: investigación de información, elaboración de un esquema, redacción del borrador y presentación oral. A cada paso se le pueden proporcionar apoyos lingüísticos específicos para ayudar a los estudiantes a desarrollar el contenido y el lenguaje de manera simultánea.

5. Preguntas guiadas

Las preguntas guiadas ayudan al alumnado a reflexionar sobre el contenido y a estructurar su pensamiento. Estas preguntas están diseñadas para llevar al estudiante a la respuesta correcta, pero sin dársela directamente. Además, estas preguntas permiten a los estudiantes practicar la lengua meta (es decir, la lengua extranjera que están aprendiendo) mientras reflexionan sobre el contenido. Así, en una sesión que verse sobre el cambio climático, en lugar de simplemente preguntar al alumnado sobre el impacto del cambio climático, el profesorado puede hacer preguntas más concretas como *How does global warming affect polar ice caps?* o *What might happen if sea levels continue to rise?* Estas preguntas los orientan hacia las respuestas correctas mientras practican la lengua.

6. Uso de recursos visuales

Los recursos visuales, como gráficos, imágenes o vídeos, suponen un apoyo no lingüístico que ayuda a los estudiantes a entender conceptos difíciles cuando el idioma por sí solo no es suficiente y proporcionan una referencia para aprender vocabulario nuevo. Por ejemplo, en una sesión sobre la célula animal, se puede mostrar un diagrama detallado donde cada parte esté etiquetada en inglés. Esto permite que los estudiantes asocien el término en inglés (*nucleus, mitochondria*) con la imagen visual, facilitando su retención.

Para que el andamiaje sea realmente efectivo en el contexto AICLE, no solo basta con aplicar estrategias pedagógicas; es esencial contar con herramientas específicas que faciliten el desarrollo de las destrezas lingüísticas de los estudiantes al mismo tiempo que asimilan los contenidos de las asignaturas. En un entorno en el que los alumnos/as deben enfrentarse a conceptos complejos en una lengua extranjera, proporcionar apoyos concretos es fundamental para garantizar que puedan participar activamente en el aprendizaje y, con el tiempo, volverse más autónomos.

Estas herramientas deben adaptarse a las cuatro destrezas lingüísticas clave: comprensión auditiva, comprensión lectora, producción oral y producción escrita. Cada una de estas destrezas requiere un tipo de apoyo diferente y es responsabilidad del docente asegurarse de que los estudiantes cuenten con los recursos necesarios para enfrentarse a las demandas tanto lingüísticas como cognitivas de las asignaturas impartidas en inglés.

A continuación, exploraremos diversas herramientas específicas que los docentes pueden emplear para cada una de estas destrezas, con el objetivo de proporcionar andamiajes efectivos que ayuden a los estudiantes a avanzar en su aprendizaje de forma progresiva. Estas herramientas van desde recursos visuales y guías estructuradas hasta plantillas para la producción oral y escrita, todas diseñadas para facilitar la adquisición tanto del contenido como de la lengua de forma integrada.

2.1. Herramientas para el andamiaje en la comprensión oral (*listening*)

La comprensión auditiva en AICLE presenta un desafío particular para los estudiantes, ya que no solo deben entender el contenido de la asignatura, sino también procesarlo en una lengua extranjera. Para apoyar a los alumnos en este proceso, es fundamental proporcionar herramientas que les permitan descomponer y organizar la información auditiva de manera accesible. A continuación, se presentan varias herramientas que los docentes pueden utilizar para andamiar la comprensión oral en el aula:

ANDAMIAJE PARA LA COMPRENSIÓN ORAL

1. ACTIVIDADES DE PREESCUCHA

Ayuda a los estudiantes a conectar la nueva información con lo que ya saben, mejorando la comprensión y atención.

¿Cómo hacerlo?
- **Imágenes**: Muestra ilustraciones relacionadas con el tema.
- **Preguntas de reflexión**: Por ejemplo: ¿Qué sabes sobre los animales marinos?
- **Discusión breve** sobre experiencias o ideas clave.

2. GUÍAS DE ESCUCHA

Transforman la escucha en una actividad dirigida y eficiente.
¿Cómo utilizarlas?
- Plantear **cuestiones claras** relacionadas con el contenido.
- **Enfocar la atención** hacia qué aspectos escuchar durante el audio.

Ejemplo: en una clase de Historia sobre la Revolución Industrial, una guía de escucha puede incluir:
- *What were the main inventions mentioned?*
- *How did these inventions change daily life?*

3. USO DE TRANSCRIPCIONES

Ideal para quienes están en proceso de fortalecer su comprensión auditiva, ya que facilita el aprendizaje y la confianza en el idioma.

¿Cómo utilizarlas?
1. Los estudiantes leen mientras escuchan.
2. Identifican palabras o frases desconocidas sin perder el hilo del audio.
3. Usan el texto como apoyo para consolidar vocabulario y estructuras lingüísticas.

4. REPETICIÓN SELECTIVA Y SEGMENTACIÓN

Consiste en dividir un audio en segmentos cortos y reproducirlos varias veces, permitiendo a los estudiantes enfocarse en secciones específicas.

Ejemplo:
1. Escucha un fragmento sobre inteligencia artificial.
2. Pregunta: *What is the main function of AI mentioned here?*
3. Repite el segmento si es necesario, ayudando a los estudiantes a capturar la idea principal.

5. APOYO VISUAL DURANTE LA ESCUCHA

Potencia la comprensión al combinar estímulos auditivos y visuales, haciendo el aprendizaje más accesible y efectivo.

Ejemplo: en una clase de Ciencias sobre ecosistemas:
• Mientras escuchan una explicación sobre la cadena alimentaria, se muestra un gráfico con imágenes de:
  ◦ Un *predator* (león).
  ◦ Una *prey* (cebra).
• Los estudiantes conectan los términos escuchados con los elementos visuales.

6. TAREAS DE POST-ESCUCHA

Actividades diseñadas para que los estudiantes procesen, reflexionen y utilicen la información escuchada de manera significativa.

Ejemplo: en una clase de Biología sobre la biodiversidad en los océanos:
1. Los estudiantes escuchan una entrevista sobre el tema.
2. En parejas, resumen los puntos principales tratados.
3. Discuten preguntas como: *How do changes in biodiversity affect marine life?*

Aplicar estas herramientas reduce la carga cognitiva de la comprensión auditiva en lengua extranjera, brindando apoyo para acceder al contenido y al idioma. Esto mejora la comprensión y refuerza la confianza de los estudiantes ante tareas de escucha más complejas en inglés.

2.2. Herramientas para el andamiaje en la comprensión escrita (*reading*)

La comprensión lectora en AICLE implica interpretar textos académicos en una lengua extranjera mientras se asimila el contenido de la asignatura. Proporcionar herramientas de andamiaje es clave para descomponer y organizar la información de forma eficaz, mejorando tanto la comprensión como las estrategias lectoras y las habilidades lingüísticas. A continuación, se presentan herramientas prácticas para facilitar este proceso en el aula:

ANDAMIAJE PARA LA COMPRENSIÓN ESCRITA

1. ACTIVIDADES DE PRE-LECTURA

Facilita la comprensión al conectar ideas familiares con el contenido del texto.

¿Cómo utilizarlas?
- **Preguntas iniciales**: reflexiona sobre el tema.
- **Diagramas o mapas conceptuales**: organiza ideas clave.
- **Imágenes**: relaciona visualmente conceptos importantes.
- **Discusión breve**: comparte ideas sobre lo que esperan encontrar.

Ejemplo: en una clase de Geografía sobre el relieve de España:
1. Pide a los estudiantes que identifiquen palabras relacionadas con el relieve que ya conocen: Pirineos, Meseta Central, Sierra Nevada, Ebro, etc.
2. Anótalos en un mapa conceptual, conectando vocabulario previo con el nuevo y pide que los organicen según su categoría: (montañas, llanuras, ríos, etc.).
3. Análisis visual: muestra un mapa físico de España y pregunta: *¿Dónde hay más montañas? ¿Qué zonas parecen más llanas? ¿Hay diferencias entre el norte y el sur?*
4. Después de este trabajo previo, leerán el texto con más facilidad, porque ya tienen un marco de referencia y vocabulario activado.

2. RESÚMENES PREVIOS

Prepara a los estudiantes para abordar el texto con mayor confianza y claridad.

¿Cómo utilizarlos?
- Proporciona un resumen breve y claro.
- Destaca los puntos principales o el propósito del texto.

Ejemplo: en Ciencias, antes de leer sobre fotosíntesis, el profesor podría decir: *This text explains how plants use sunlight to make food through photosynthesis. It will describe the steps and its importance for life on Earth.*

3. GLOSARIOS

Ayudan a abordar textos complejos con mayor confianza y autonomía.

¿Cómo utilizarlos?
- Prepara un glosario con palabras clave del texto.
- Incluye definiciones claras en la lengua extranjera.

Ejemplo: en Historia, antes de leer sobre la Revolución Francesa, se entrega una lista con términos como *monarchy*, *bourgeoisie* y *revolution*, con sus definiciones, para apoyar a los estudiantes durante la lectura.

4. SUBRAYADO DE INFORMACIÓN CLAVE

Promueve la atención activa y el desarrollo de habilidades lectoras estratégicas.
¿Cómo aplicarlo?
- Anima a subrayar palabras o frases clave mientras leen.
- Guíalos para destacar conceptos esenciales del texto.

Ejemplo: en Biología, al leer sobre ecosistemas, los estudiantes pueden subrayar términos como *producers*, *consumers* y *decomposers*, facilitando la organización mental de la jerarquía del ecosistema.

5. ORGANIZADORES GRÁFICOS

Facilitan la comprensión y retención al mostrar relaciones entre ideas o conceptos de forma visual.

¿Cómo utilizarlos?
- Usa mapas conceptuales, diagramas de flujo o cuadros comparativos.
- Organiza información clave para que sea más accesible.

Ejemplo: en Biología, los estudiantes usan un diagrama de Venn para identificar las similitudes y diferencias entre células animales y vegetales.

6. LECTURA POR SECCIONES Y DISCUSIÓN EN PAREJAS

Promueve el aprendizaje activo, la colaboración y el desarrollo del lenguaje.

¿Cómo implementarla?
- **Divide el texto** en secciones cortas.
- Tras cada sección, **fomenta discusiones** en parejas o grupos pequeños.
- **Pide que verbalicen su comprensión** y compartan ideas clave.

7. POST-LECTURA

Afianzan el aprendizaje y desarrollan habilidades críticas de análisis y síntesis.

¿Cómo aplicarlas?
- Pide un breve resumen del texto.
- Plantea preguntas de comprensión para identificar ideas principales o detalles específicos.

Ejemplo: tras leer un artículo sobre energías renovables, los estudiantes pueden escribir un resumen de los puntos clave o responder preguntas como: *What are the main advantages of renewable energy sources?*

A continuación, se ofrece un resumen de las técnicas de andamiaje para la comprensión:

Figura 3. Estrategias de andamiaje para la comprensión.

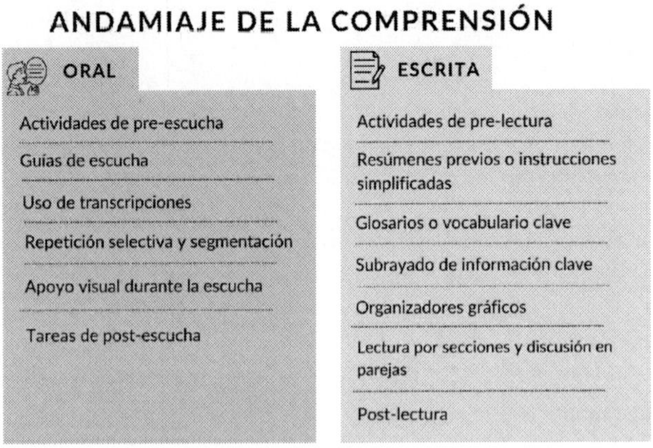

ANDAMIAJE DE LA COMPRENSIÓN

ORAL	ESCRITA
Actividades de pre-escucha	Actividades de pre-lectura
Guías de escucha	Resúmenes previos o instrucciones simplificadas
Uso de transcripciones	
Repetición selectiva y segmentación	Glosarios o vocabulario clave
Apoyo visual durante la escucha	Subrayado de información clave
Tareas de post-escucha	Organizadores gráficos
	Lectura por secciones y discusión en parejas
	Post-lectura

2.3. Herramientas para el andamiaje en la producción oral (*speaking*)

La producción oral requiere transmitir contenido complejo mientras se utilizan estructuras gramaticales y vocabulario que los alumnos pueden no dominar por completo. Esto genera presión y ansiedad, dificultando su participación. Para superar estas barreras, los docentes pueden usar herramientas de andamiaje que brinden apoyo inicial, reduciendo la asistencia progresivamente a medida que los estudiantes ganan confianza, autonomía y fluidez.

ANDAMIAJE PARA LA PRODUCCIÓN ORAL

1. INICIOS DE FRASES (*SENTENCE STARTERS*)

Frases predefinidas que ayudan a los estudiantes a organizar ideas y expresarse con mayor seguridad.

¿Por qué usarlos?
- Facilitan la participación en discusiones o presentaciones.
- Proveen un punto de partida claro para hablar en lengua extranjera.

Ejemplo: en Ciencias Sociales, al analizar las causas de la Revolución Francesa, se pueden ofrecer frases como: *One of the main causes of the French Revolution was.../ This led to.../ As a result...*

2. ROLE-PLAYS Y SIMULACIONES

Actividades que recrean situaciones reales o hipotéticas, permitiendo a los estudiantes practicar producción oral en un entorno estructurado.

¿Por qué usarlos?
- Facilitan el uso auténtico del idioma.
- Proveen un contexto que guía y da sentido a las respuestas.

Ejemplo: en Biología, los estudiantes simulan ser científicos presentando descubrimientos sobre especies en peligro de extinción. Cada uno representa a un experto en una especie, utilizando vocabulario técnico aprendido durante la unidad.

3. SPEAKING FRAMES

Plantillas que estructuran y organizan el discurso oral.

¿Por qué usarlos?
- Ayudan a cubrir puntos relevantes sin desviarse del tema.
- Fomentan confianza y claridad en presentaciones o debates.

Ejemplo: en Geografía, para una presentación sobre la distribución de la población, se puede ofrecer un *speaking frame* con secciones como:
- *Introduction: Today I am going to talk about...*
- *Some regions are less populated, like _____, because _____.*
- *Cities like _____ are urban areas with_____ population density.*

4. GRUPOS DE DISCUSIÓN Y PREGUNTAS GUIADAS

Discusiones en grupos pequeños apoyadas por preguntas dirigidas que enfocan la conversación y facilitan la participación.

¿Por qué usarlos?
- Fomentan la interacción oral en un ambiente seguro.
- Ayudan a los estudiantes a centrarse en aspectos específicos, evitando la sobrecarga de ideas.

Ejemplo: en Historia, al analizar la Primera Guerra Mundial, el docente guía con preguntas como:
- *What were the main causes of the war?*
- *How did the war affect Europe afterwards?*

5. TRABAJO EN PAREJAS O GRUPOS PEQUEÑOS

Actividades de producción oral en parejas o pequeños grupos antes de exponer ante toda la clase.

¿Por qué usarlos?
- Reducen la presión de hablar frente a toda la clase.
- Fomentan un ambiente seguro para practicar y cometer errores.
- Promueven el aprendizaje colaborativo y la retroalimentación entre iguales.

2.4. Herramientas para el andamiaje en la producción escrita (*writing*)

La producción escrita en el contexto AICLE presenta desafíos particulares que van más allá de simplemente escribir en un segundo idioma. Los estudiantes deben expresar ideas claramente, dominar terminología específica y seguir convenciones académicas, todo mientras desarrollan su competencia lingüística. Este proceso, que requiere habilidades de organización, argumentación y precisión, puede ser intimidante. Por ello, es esencial implementar herramientas de andamiaje que dividan la tarea en pasos accesibles. A continuación, se presentan estrategias prácticas para mejorar la producción escrita y fomentar un aprendizaje eficaz y colaborativo.

ANDAMIAJE PARA LA PRODUCCIÓN ESCRITA

1. INICIOS DE FRASES (*SENTENCE STARTERS*)

Frases modelo que ayudan a los estudiantes a comenzar a escribir y organizar sus ideas.

¿Por qué usarlos?
- Facilitan el inicio de textos, especialmente para quienes tienen dificultades para encontrar palabras o estructurar ideas.
- Permiten que los estudiantes se concentren en el contenido en lugar de la gramática o vocabulario.

2. MARCOS DE ESCRITURA (*WRITING FRAMES*)

Plantillas que ofrecen estructura para organizar ideas en un texto coherente.

¿Por qué usarlos?
- Facilitan la escritura en las etapas iniciales del aprendizaje.
- Ayudan a estudiantes con menos confianza o experiencia a estructurar sus textos.

Incluyen:
- Frases de inicio.
- Conectores.
- Estructuras que guían el desarrollo del texto.

3. MODELOS DE TEXTOS

Textos que muestran cómo organizar y estructurar un tipo específico de escritura.

¿Por qué usarlos?
- Ayudan a los estudiantes a entender las convenciones de diferentes géneros, como ensayos, informes o artículos científicos.
- Permiten observar el lenguaje y la estructura adecuados para cada tipo de texto.

4. CORRECCIÓN Y REVISIÓN GUIADA

Proceso de revisión estructurado para identificar errores, mejorar la coherencia y afinar el uso del lenguaje.

¿Por qué usarlo?
- Ayudan a los estudiantes a perfeccionar su texto.
- Fomentan claridad y precisión en el contenido.
- Desarrollan habilidades de autoevaluación y colaboración.

Ejemplo: en Economía, tras escribir un análisis sobre los efectos de la inflación, los estudiantes usan una *checklist* que incluye:
- *Is the thesis statement clear?*
- *Have you used economic terms correctly?*
- *Are the arguments supported with evidence?*

5. DICCIONARIOS VISUALES Y BANCOS DE VOCABULARIO

Recursos que ofrecen vocabulario específico acompañado de imágenes o definiciones claras.

¿Por qué usarlos?
- Facilitan la expresión de conceptos complejos sin interrumpir el proceso de escritura.
- Familiarizan a los estudiantes con el lenguaje técnico de la asignatura.

6. ORGANIZADORES GRÁFICOS

Herramientas visuales para organizar y estructurar ideas antes de escribir.

¿Por qué usarlos?
- Ayudan a visualizar relaciones entre conceptos.
- Facilitan la organización lógica de pensamientos.
- Aseguran que los puntos clave se cubran antes de empezar.

Ejemplo: en Historia, antes de escribir un ensayo sobre la Segunda Guerra Mundial, los estudiantes crean un mapa conceptual que conecta causas, consecuencias, y vocabulario específico.

A continuación, se ofrece un resumen de las técnicas de andamiaje para la producción:

Figura 4. Estrategias de andamiaje para la producción.

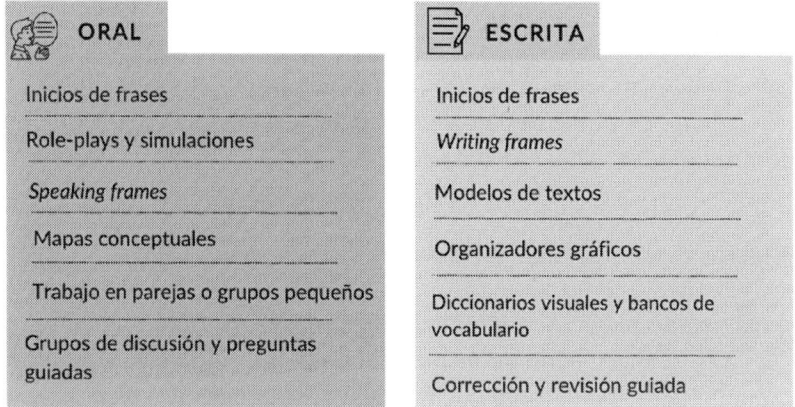

ANDAMIAJE DE LA PRODUCCIÓN

ORAL	ESCRITA
Inicios de frases	Inicios de frases
Role-plays y simulaciones	*Writing frames*
Speaking frames	Modelos de textos
Mapas conceptuales	Organizadores gráficos
Trabajo en parejas o grupos pequeños	Diccionarios visuales y bancos de vocabulario
Grupos de discusión y preguntas guiadas	Corrección y revisión guiada

3. Materiales para la enseñanza plurilingüe

El uso de materiales en la enseñanza plurilingüe desempeña un papel fundamental en el éxito de los programas que combinan la instrucción de contenido académico con el aprendizaje de una segunda lengua. La selección y diseño de los recursos didácticos deben atender a las necesidades específicas de un entorno donde el alumnado no solo adquiere conocimientos de las diferentes materias, sino que también desarrolla competencias lingüísticas en la lengua meta. Por eso, los materiales que se emplean pueden influir directamente en el equilibrio entre la enseñanza del contenido y el desarrollo del idioma.

Por un lado, los materiales auténticos, que provienen de contextos reales fuera del aula, exponen a los alumnos a un uso genuino del lenguaje, lo que les permite interactuar con situaciones y textos que reflejan cómo se utiliza la lengua en el mundo real. Por otro lado, la creación de materiales didácticos adaptados a los niveles del alumnado y objetivos de aprendizaje garantiza que estos recursos sean accesibles y relevantes tanto desde el punto de vista lingüístico como académico. Por esta razón, el reto principal para los docentes en un entorno plurilingüe es encontrar o desarrollar materiales que integren de manera efectiva los dos componentes esenciales del aprendizaje: el contenido y la adquisición de la lengua. A lo largo de este apartado, se explorarán las ventajas y desafíos de utilizar materiales auténticos y creados específicamente para la enseñanza plurilingüe, así como su impacto en el desarrollo integral del aprendizaje.

3.1. Uso de materiales auténticos

El uso de materiales auténticos en la enseñanza plurilingüe se refiere a la incorporación de recursos que no han sido creados específicamente para el aula, sino que provienen de situaciones reales y contextos genuinos en los que se utiliza la lengua meta. De esta manera, los docentes trabajan con textos reales (periódicos, libros, revistas), en lugar de contenido adaptado (libros de texto, cuadernos de ejercicios o lecturas graduadas). En el contexto de la enseñanza plurilingüe, esto permite una exposición más directa al lenguaje cotidiano y contribuye a suplir la falta de naturalidad que a veces presentan los libros de texto tradicionales, los cuales contienen materiales adaptados y no extraídos de situaciones reales.

Una de las principales ventajas de utilizar materiales auténticos es su capacidad para hacer que el aprendizaje sea más relevante para los estudiantes. Al estar concebidos para hablantes nativos, estos recursos aportan una riqueza de contexto cultural y lingüístico que resulta esencial para el aprendizaje significativo (Guariento & Morley, 2001). Por ejemplo, en el área de Ciencias, en lugar de que los estudiantes lean sobre los ecosistemas en un libro de texto, pueden explorar un folleto turístico de un parque nacional que describe la flora y fauna locales. Esta experiencia no solo les proporciona información sobre los ecosistemas, sino que también les permite interactuar con un texto real que utiliza lenguaje específico, enriqueciendo así su comprensión del contenido. Del mismo modo, en el ámbito de las Ciencias Sociales, en lugar de estudiar la historia de una región a través de un capítulo de un libro, los estudiantes podrían analizar una guía cultural que presente datos históricos y costumbres de esa área, proporcionando un contexto visual y práctico que hace que el aprendizaje sea más inmersivo. Según Mehisto *et al.* (2008), estos materiales ayudan a aumentar la motivación y la implicación del alumnado, ya que ven una conexión directa entre lo que aprenden en el aula y su aplicación en el mundo real. Esto se traduce en un proceso de aprendizaje más integrado, donde los estudiantes además de dominar el contenido, desarrollan habilidades lingüísticas prácticas que son aplicables en diversas situaciones de la vida real.

De acuerdo con Berardo (2006), los textos no auténticos presentan un lenguaje artificial y limitado, caracterizado por frases perfectamente formadas y una repetición de estructuras que rara vez se encuentran en situaciones reales. Estos textos, aunque útiles para enseñar aspectos gramaticales concretos, carecen de naturalidad y no reflejan cómo se utiliza realmente el lenguaje en contextos cotidianos. Esta artificialidad puede ser un obstáculo para el desarrollo de la competencia lingüística de los estudiantes, ya que no se asemejan a los textos que encontrarán fuera del aula. En cambio, los textos auténticos, a pesar de no estar diseñados específicamente para la enseñanza de idiomas, ofrecen una fuente rica de *input* lingüístico relevante y desafiante, preparando mejor al alumnado para interactuar con el idioma en situaciones reales. Por lo tanto, el uso de materiales auténticos en AICLE permite a los estudiantes familiarizarse con el uso natural del lenguaje, incluyendo expresiones coloquiales y estructuras gramaticales que pueden no estar presentes en materiales diseñados específicamente para el aprendizaje de idiomas (Gilmore, 2007). Esta exposición a un lenguaje real y contextualizado enriquece sus habilidades de comprensión y producción, facilitando el desarrollo de su competencia comunicativa.

Zavorotna (2020) menciona dos razones por las que el uso de material auténtico es primordial. Por un lado, los textos auténticos presentan características que a menudo no se reflejan en los textos educativos y diálogos convencionales. Estos materiales pueden incluir terminología específica, jerga profesional y modelos para construir frases y oraciones que los estudiantes encontrarán en actividades profesionales futuras. Por otro lado, el uso de textos y diálogos extraídos de situaciones reales proporciona información precisa sobre eventos y circunstancias actuales. Si se utilizan fuentes recientes y actualizadas, esta información será siempre relevante y de interés para los estudiantes, lo que fomenta su motivación e implicación en las actividades propuestas. Por lo tanto, los materiales auténticos no solo enriquecen el aprendizaje, sino que también equipan a los estudiantes con las habilidades necesarias para comprender y reproducir el vocabulario específico de su área de estudio, ayudándoles a establecer conexiones más efectivas con el contenido que están aprendiendo.

A medida que los docentes buscan métodos para hacer que el aprendizaje sea relevante y significativo, comprender los diferentes aspectos de la autenticidad se vuelve esencial. Según Pinner (2013), la autenticidad conlleva tres fenómenos interrelacionados, lo que nos ayuda a entender que no es un concepto monolítico; más bien, se manifiesta de diversas maneras en el aula:

Textos auténticos: un informe de investigación sobre la biodiversidad en una región específica proporciona un contexto real y actual, permitiendo a los estudiantes interactuar con el lenguaje de manera auténtica. Un ejemplo adicional es una carta al editor que critica la política ambiental, donde los estudiantes pueden explorar opiniones y argumentos sobre un tema relevante. Cuando los estudiantes leen este tipo de texto, están involucrados en un diálogo auténtico. Esto no solo les ayuda a desarrollar habilidades de comprensión lectora, sino que también fomenta el pensamiento crítico sobre el contenido.

Tareas auténticas: las tareas deben permitir que el alumnado interactúe con los textos de forma significativa. Por ejemplo, después de leer un artículo sobre la contaminación, los estudiantes pueden trabajar en grupos para diseñar una campaña de concienciación sobre el medio ambiente, utilizando el vocabulario y las estructuras aprendidas en el texto.

Lenguaje en uso: Gilmore (2007) enfatiza que el lenguaje en uso debe reflejar la forma en que se comunica en el mundo real. Por ejemplo, los estudiantes pueden escribir un informe científico siguiendo el formato de publicaciones académicas, lo que les proporciona una experiencia práctica del lenguaje técnico en un contexto real.

A menudo, los docentes pueden sentirse reticentes a utilizar materiales auténticos en el aula debido a la percepción de que estos recursos son demasiado complejos o específicos para sus alumnos. Sin embargo, es importante recalcar que un mismo material auténtico puede ser utilizado en diferentes niveles educativos, siempre que se adapten las tareas diseñadas para cada grupo. Lo que varía no es el material en sí, sino la forma en que se presenta y se interactúa con él. Al ajustar las actividades, los docentes pueden facilitar el acceso a estos recursos, permitiendo que todos los estudiantes se beneficien de la riqueza del lenguaje real y del contenido relevante. A continuación, se presentan ejemplos específicos de un mismo material auténtico —un folleto turístico sobre la ciudad de Nueva York— adaptado para tres niveles educativos diferentes: 3.º y 5.º de Educación Primaria, y 1.º de ESO. Cada ejemplo ilustra cómo se puede utilizar el mismo recurso en función del nivel de desarrollo cognitivo y lingüístico de los estudiantes, así como las tareas diseñadas para maximizar su aprendizaje.

Figura 5. Ejemplo de actividad multinivel.

¡EXPLORA NUEVA YORK!

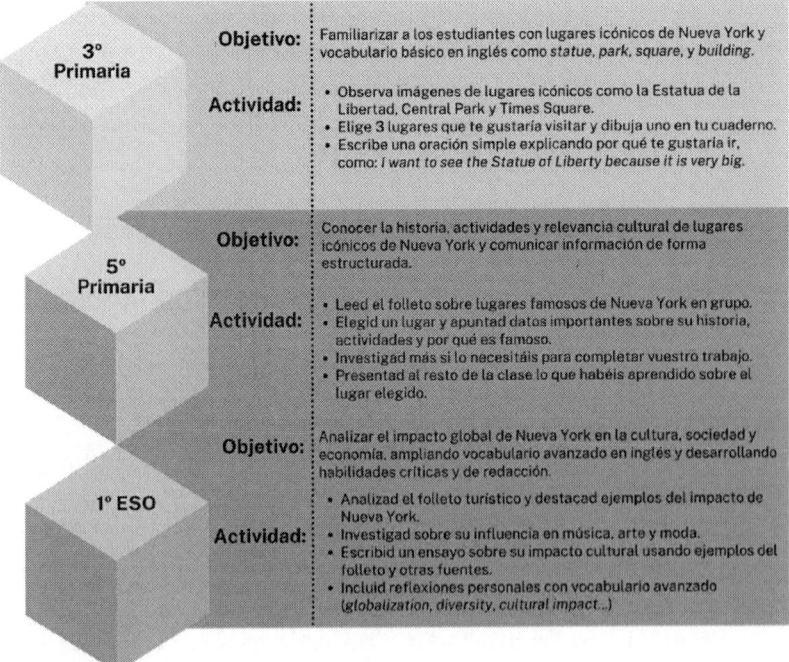

Un segundo ejemplo sería el uso de un mismo material auténtico —una infografía educativa en inglés sobre el uso seguro y responsable de internet ("Be Internet Awesome – The Internet Code of Awesome")—adaptado para tres niveles educativos diferentes: 3.º y 5.º de Educación Primaria, y 1.º de ESO. Este ejemplo se enmarca en la asignatura de **Educación en Valores Cívicos y Éticos**, y permite trabajar contenidos como la convivencia en entornos digitales, el respeto a los demás, la responsabilidad individual y colectiva en el uso de la tecnología, y la reflexión sobre la identidad digital.

Figura 6. Ejemplo de actividad multinivel.

CIUDADANOS DIGITALES

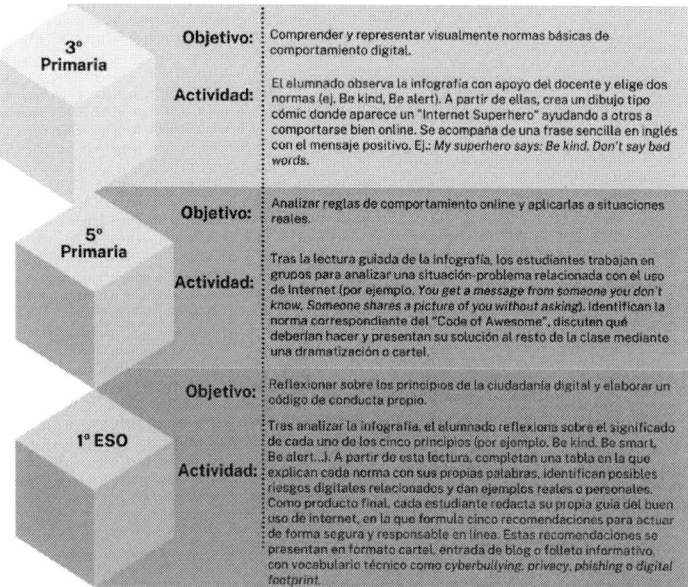

3º Primaria	**Objetivo:**	Comprender y representar visualmente normas básicas de comportamiento digital.
	Actividad:	El alumnado observa la infografía con apoyo del docente y elige dos normas (ej. Be kind, Be alert). A partir de ellas, crea un dibujo tipo cómic donde aparece un "Internet Superhero" ayudando a otros a comportarse bien online. Se acompaña de una frase sencilla en inglés con el mensaje positivo. Ej.: *My superhero says: Be kind. Don't say bad words.*
5º Primaria	**Objetivo:**	Analizar reglas de comportamiento online y aplicarlas a situaciones reales.
	Actividad:	Tras la lectura guiada de la infografía, los estudiantes trabajan en grupos para analizar una situación-problema relacionada con el uso de Internet (por ejemplo, *You get a message from someone you don't know, Someone shares a picture of you without asking*). Identifican la norma correspondiente del "Code of Awesome", discuten qué deberían hacer y presentan su solución al resto de la clase mediante una dramatización o cartel.
1º ESO	**Objetivo:**	Reflexionar sobre los principios de la ciudadanía digital y elaborar un código de conducta propio.
	Actividad:	Tras analizar la infografía, el alumnado reflexiona sobre el significado de cada uno de los cinco principios (por ejemplo, Be kind, Be smart, Be alert...). A partir de esta lectura, completan una tabla en la que explican cada norma con sus propias palabras, identifican posibles riesgos digitales relacionados y dan ejemplos reales o personales. Como producto final, cada estudiante redacta su propia guía del buen uso de Internet, en la que formula cinco recomendaciones para actuar de forma segura y responsable en línea. Estas recomendaciones se presentan en formato cartel, entrada de blog o folleto informativo, con vocabulario técnico como *cyberbullying, privacy, phishing* o *digital footprint.*

No obstante, a pesar de que el uso de materiales auténticos en las clases de AICLE puede ser enormemente beneficioso, también entraña ciertos desafíos debido a su complejidad lingüística o a la naturaleza del contenido. Por lo tanto, no todo material auténtico es adecuado para el aula y el profesorado deberá ser cauteloso a la hora de seleccionarlo. A continuación, se presentan los criterios clave para seleccionar material auténtico apropiado para el aula de AICLE:

Figura 7. Criterios clave para seleccionar un material auténtico.

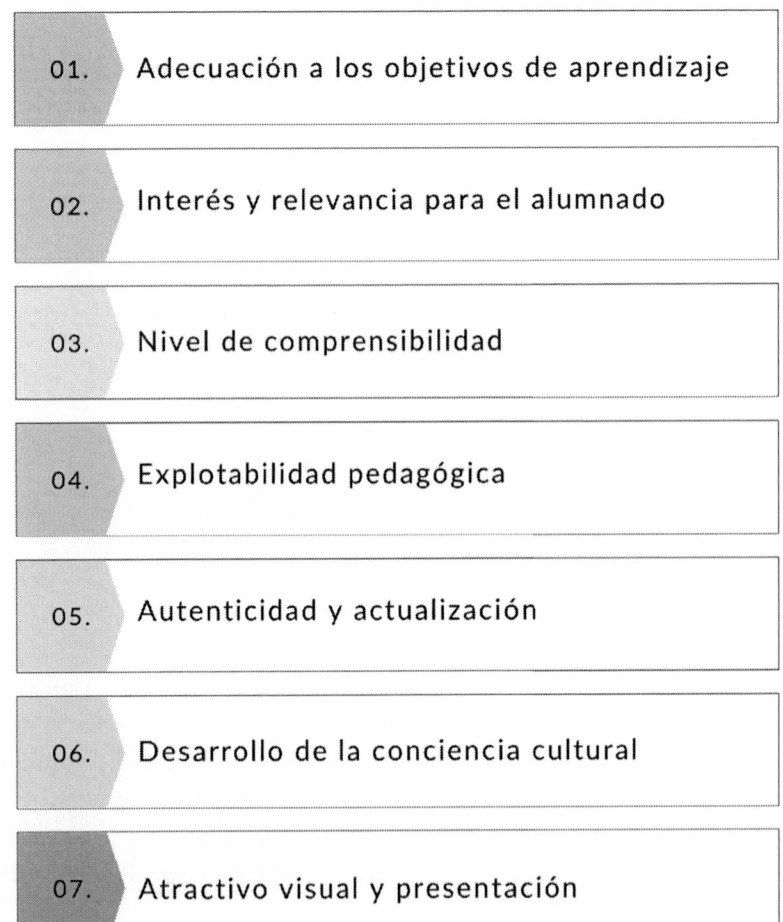

7 CRITERIOS CLAVE PARA SELECCIONAR MATERIAL AUTÉNTICO

01. Adecuación a los objetivos de aprendizaje

02. Interés y relevancia para el alumnado

03. Nivel de comprensibilidad

04. Explotabilidad pedagógica

05. Autenticidad y actualización

06. Desarrollo de la conciencia cultural

07. Atractivo visual y presentación

1. Adecuación a los objetivos de aprendizaje

Es fundamental que los materiales auténticos estén alineados con los objetivos de aprendizaje de la lección. Antes de seleccionar un recurso, los docentes deben preguntarse qué concepto, habilidad o estructura lingüística desean que los estudiantes practiquen, y si el material ayudará a alcanzar ese objetivo (Nifli, 2021). Los materiales auténticos deben reforzar los contenidos temáticos y lingüísticos simultáneamente, proporcionando a los estudiantes oportunidades para utilizar el lenguaje de manera contextualizada. Por ejemplo, si el objetivo de aprendizaje es que los alumnos desarrollen habilidades para describir y comparar productos en inglés en una clase de Economía, se puede utilizar un catálogo de productos de una tienda en línea (como ropa o tecnología) que proporcione descripciones detalladas de los productos, incluyendo características, precios y comparaciones. Los estudiantes pueden trabajar en parejas para analizar el catálogo, identificar y comentar las diferencias y similitudes entre los productos, y luego presentar sus hallazgos al resto de la clase utilizando el vocabulario y las estructuras lingüísticas apropiadas. Por el contrario, si el objetivo es que los alumnos aprendan a argumentar en inglés, un artículo de opinión de un periódico puede ser útil, ya que presenta estructuras argumentativas reales que los estudiantes pueden analizar y replicar.

2. Interés y relevancia para el alumnado

El contenido de los materiales debe ser interesante y relevante para los estudiantes, y debe reflejar situaciones o temas que puedan encontrar fuera del aula (Berardo, 2006). Al seleccionar textos, es importante considerar los intereses del alumnado y el contexto en el que podría usar el lenguaje. De esta manera, se incrementa la motivación intrínseca, un factor clave en el éxito del aprendizaje de una lengua extranjera (Mufarrohah *et al.*, 2022). Por ejemplo, si se está enseñando Historia, un material auténtico relevante podría ser un documento histórico como una carta o un diario de un personaje famoso de la época estudiada, por ejemplo, una carta de un soldado de la Primera Guerra Mundial o un extracto de *El diario de Ana Frank*. Estos documentos, además de presentar el uso auténtico de la lengua, también conectan al alumnado con experiencias reales de personas que vivieron en ese periodo histórico. Así pues, si nos centramos en el ejemplo de material auténtico del libro *The diary of a young girl* (Frank, 2019) podemos dar diferentes usos en el contexto de una asignatura de Historia. Uno de ellos puede ser la creación de una exposición de recuerdos que refleje las experiencias de Ana Frank y el contexto histórico del Holocausto. El objetivo de esta actividad es fomentar una comprensión profunda y contextualizada de los eventos históricos que rodearon la vida de Ana Frank, así como promover la empatía y el respeto hacia las víctimas del Holocausto. Para organizar la exposición, los estudiantes se dividirán en grupos, cada uno de los cuales investigará un aspecto específico relacionado con Ana Frank, como la vida en el escondite, la resistencia judía o las condiciones sociales y políticas de la época. A continuación, cada grupo diseñará una sección de la exposición que incluirá paneles informativos con texto que explique su tema acompañado de imágenes o ilustraciones, elementos interactivos (como códigos QR que dirijan a vídeos de testimonios o audios de lecturas del diario) y piezas artísticas como *collages* que representen emociones o eventos descritos en el diario. Durante la exposición, cada grupo presentará su sección y abrirá un espacio para preguntas y reflexiones, creando así un entorno participativo que facilite el aprendizaje y la discusión sobre la importancia de recordar la historia y las lecciones que nos deja.

3. Nivel de comprensibilidad

Aunque los textos auténticos tienden a incluir un lenguaje complejo, es necesario equilibrar el desafío lingüístico con la accesibilidad del contenido. El material debe ser adecuado para el nivel de competencia de los alumnos, evitando una sobrecarga de vocabulario nuevo o estructuras gramaticales excesivamente complejas (Mufarrohah *et al.*, 2022), puesto que, si el material es demasiado difícil, los estudiantes pueden desmotivarse. Por ejemplo, si queremos trabajar con un texto escrito en lugar de presentar un artículo académico extenso, se puede utilizar una noticia breve o un fragmento de una entrevista que introduzca vocabulario relevante, pero que sea accesible con apoyo contextual.

4. **Explotabilidad pedagógica**

El material auténtico debe ser explotable en el aula, lo que significa que debe ser lo suficientemente versátil para permitir diferentes tipos de actividades y enfoques didácticos. Por ejemplo, un artículo sobre el cambio climático permite diseñar actividades diversas que abarcan diferentes disciplinas y contribuyen al desarrollo de la lengua extranjera. A continuación, se presentan algunas formas de explotar didácticamente este recurso:

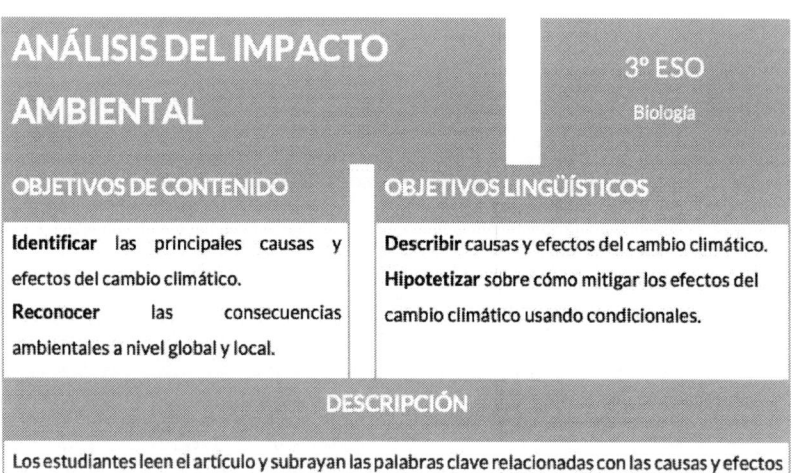

ANÁLISIS DEL IMPACTO AMBIENTAL

3º ESO
Biología

OBJETIVOS DE CONTENIDO	OBJETIVOS LINGÜÍSTICOS
Identificar las principales causas y efectos del cambio climático. **Reconocer** las consecuencias ambientales a nivel global y local.	**Describir** causas y efectos del cambio climático. **Hipotetizar** sobre cómo mitigar los efectos del cambio climático usando condicionales.

DESCRIPCIÓN

Los estudiantes leen el artículo y subrayan las palabras clave relacionadas con las causas y efectos del cambio climático. Luego, en grupos pequeños, discuten cómo se podrían mitigar estos problemas usando condicionales. Finalmente, realizan una presentación breve en inglés sobre sus soluciones.

ANUNCIO AMBIENTAL

3° ESO
Ed. Plástica, Visual y Audiovisual

OBJETIVOS DE CONTENIDO

Diseñar un anuncio visual que conciencie sobre el cambio climático.

OBJETIVOS LINGÜÍSTICOS

Escribir slogans y descripciones breves en inglés.
Utilizar verbos imperativos.

DESCRIPCIÓN

Tras analizar el tono del artículo, los estudiantes diseñan un póster publicitario que incluya un slogan, imágenes y datos clave extraídos del texto. Cada grupo presenta su diseño y explica en inglés cómo busca impactar al público.

CAMBIO CLIMÁTICO EN NÚMEROS

2° ESO
Matemáticas

OBJETIVOS DE CONTENIDO

Analizar datos estadísticos relacionados con las emisiones de CO_2.
Calcular el impacto de diferentes países según los datos del artículo.

OBJETIVOS LINGÜÍSTICOS

Interpretar gráficos y tablas en inglés.
Utilizar lenguaje matemático para describir tendencias.

DESCRIPCIÓN

A partir de los datos del artículo, los estudiantes calculan promedios y porcentajes relacionados con las emisiones de CO_2. Crean un gráfico de barras o líneas que represente los resultados y redactan en inglés un breve análisis sobre las tendencias observadas.

INFOGRAFÍA DIGITAL

3° ESO
Tecnología y digitalización

OBJETIVOS DE CONTENIDO

Crear infografías interactivas.
Presentar información compleja de manera clara y visual.

OBJETIVOS LINGÜÍSTICOS

Usar vocabulario técnico relacionado con el medio ambiente y la tecnología.
Redactar textos breves y descriptivos en inglés.

DESCRIPCIÓN

Con herramientas como Canva o Genially, los estudiantes diseñan una infografía interactiva basada en datos del artículo. Incluyen gráficos, imágenes y texto en inglés para explicar las causas, efectos y soluciones al cambio climático, y presentan su trabajo al grupo.

5. Autenticidad y actualización

Es importante que los materiales seleccionados reflejen el uso real de la lengua en contextos actuales. Esto implica que los materiales no solo deben ser representativos del idioma en su forma escrita o hablada, sino que también deben estar alineados con situaciones, temas y preocupaciones contemporáneas. Además, aunque no es necesario que todos los materiales sean completamente nuevos, es fundamental que estén actualizados (Mufarrohah *et al.*, 2022). Esto significa que deben reflejar la relevancia cultural y lingüística actual, como el uso de nuevas terminologías o la inclusión de eventos recientes que tengan algún tipo de impacto en la sociedad. Un artículo sobre las consecuencias del plástico en los océanos publicado este año, por ejemplo, no solo enseña el vocabulario relacionado, sino que también conecta a los estudiantes con un tema que está en conversaciones cotidianas. De manera similar, un gráfico interactivo de datos sobre el consumo de energía renovable en diferentes países sacado de la página web de una organización medioambiental puede ser un recurso útil al poner al alumnado en contacto con lenguaje específico relacionado con la energía y el medio ambiente y a la vez permitirles practicar habilidades de interpretación de datos en la lengua extranjera, vinculando su aprendizaje con un tema de actualidad.

6. Desarrollo de la conciencia cultural

Uno de los beneficios clave de los materiales auténticos es que exponen a los estudiantes a la cultura del idioma meta. Por eso, al seleccionar materiales, se debe valorar si estos promueven la conciencia cultural y ofrecen una visión del mundo desde la perspectiva de los hablantes nativos (Nifli, 2021). Así pues, un documental que muestra cómo se hace frente al cambio climático en un país de habla de la lengua meta puede proporcionar una visión valiosa de los valores culturales relacionados con el activismo ambiental y la importancia de preservar la naturaleza en esa cultura. A partir de esa información, el alumnado puede comparar las iniciativas mencionadas con los esfuerzos de su propia comunidad, analizando las diferencias en la percepción del cambio climático y las estrategias implementadas, lo que a su vez les permite reflexionar sobre su propio papel en la lucha contra este desafío global.

7. Atractivo visual y presentación

El aspecto visual y la presentación del material también son importantes, especialmente en materiales escritos. Un texto que está bien estructurado y que presenta elementos gráficos, como imágenes o diagramas, puede facilitar la comprensión ayudando a desglosar información compleja y hacer que los estudiantes se sientan más atraídos por el material (Berardo, 2006). Por ejemplo, un extenso bloque de texto a primera vista puede provocar rechazo o desinterés en los estudiantes, especialmente en los más jóvenes. Sin embargo, si ese mismo contenido se presenta con títulos y subtítulos claros, acompañados de imágenes relevantes que ilustren los conceptos, es mucho más probable que los alumnos/as se sientan atraídos y motivados a leer.

3.2. Adaptación de materiales didácticos

En el contexto de la enseñanza de contenidos en una lengua extranjera, la selección de materiales adecuados es fundamental para garantizar un aprendizaje efectivo y significativo. Los materiales deben ser pertinentes, accesibles y relevantes para los estudiantes, permitiéndoles conectar lo que aprenden con sus propias vidas y experiencias.

Según el informe de Eurydice (2006), uno de los principales desafíos que encuentran los docentes de AICLE es la escasez de materiales que se alineen con los currículos nacionales (o autonómicos) y, al mismo tiempo, satisfagan las necesidades de aprendizaje de los estudiantes. Esto hace que, en ocasiones, algunos docentes opten por recurrir a libros de texto de asignaturas que se utilizan en países de habla de la lengua meta. Sin embargo, estos libros pueden ser demasiado complejos para los estudiantes de AICLE, lo que puede resultar en una carga lingüística considerable que dificulte la adquisición de contenido. Las diferencias culturales, como las convenciones en la puntuación decimal o las unidades de medida, también pueden obstaculizar el proceso de aprendizaje (Novotná *et al.*, 2003). Así pues, resulta evidente que estos materiales no pueden utilizarse tal y como están, ya que su complejidad lingüística y cultural requiere adaptaciones para hacerlos accesibles a los estudiantes de AICLE. Esto hace necesario recurrir al uso de materiales auténticos, que permiten a los estudiantes aprender en contextos más realistas y relevantes. No obstante, para que estos materiales sean realmente efectivos, es frecuente que requieran adaptaciones en función de las necesidades específicas del alumnado, asegurando que el contenido sea comprensible y pertinente.

Al seleccionar materiales para AICLE, es necesario analizarlos de acuerdo con el esquema de las 4C (Contenido, Comunicación, Cognición y Cultura) y adaptarlos para su uso en la clase. En muchos casos, los materiales no incluyen un enfoque cultural, por lo que es importante incorporarlo cuando sea posible. También se debe asegurar que los materiales sean adecuados para una clase guiada por el contenido. Para facilitar esta evaluación, se pueden considerar las siguientes preguntas:

- ¿Son los materiales y las actividades apropiados para la edad y el desarrollo de los alumnos?

- ¿Es el contenido del material apto para el nivel de competencia lingüística de los estudiantes?

- ¿Contribuye el material al logro de los objetivos de aprendizaje establecidos?

- ¿Se conectan estos contenidos con los intereses y experiencias previas de los alumnos/as?

- ¿Incorpora una variedad de habilidades de pensamiento, tanto de orden superior (HOTS) como de orden inferior (LOTS)?

- ¿Ofrece el material un andamiaje adecuado para apoyar a los estudiantes en su aprendizaje?
- ¿Está el contenido presentado de forma clara, atractiva y accesible?
- ¿Incluye un componente cultural que permita ampliar la perspectiva de los estudiantes?

Si la respuesta a alguna de estas preguntas es "no", es necesario realizar adaptaciones al material. Estas adaptaciones se pueden realizar a tres niveles: palabra, frase y texto (Echevarria *et al.*, 2023).

Figura 8. Adaptación de materiales didácticos de Echevarria et al. (2023)

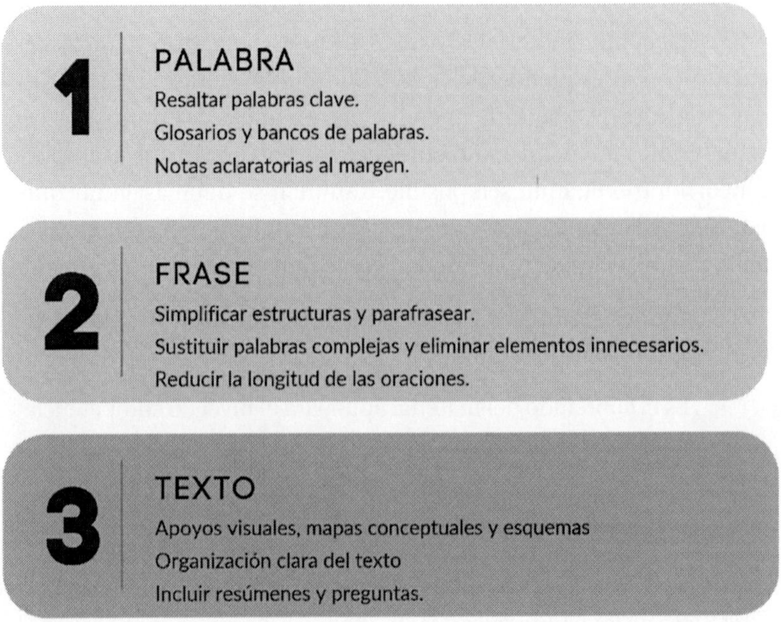

1 PALABRA
Resaltar palabras clave.
Glosarios y bancos de palabras.
Notas aclaratorias al margen.

2 FRASE
Simplificar estructuras y parafrasear.
Sustituir palabras complejas y eliminar elementos innecesarios.
Reducir la longitud de las oraciones.

3 TEXTO
Apoyos visuales, mapas conceptuales y esquemas
Organización clara del texto
Incluir resúmenes y preguntas.

1. **Adaptación a nivel de palabra:** a este nivel, la adaptación se centra en el vocabulario. Las siguientes estrategias pueden ser útiles:

- **Resaltado de palabras clave:** se pueden utilizar negritas, colores o subrayados para llamar la atención sobre términos importantes relacionados con el contenido. Por ejemplo, en un texto sobre fotosíntesis, se pueden resaltar palabras como *chlorophyll, sunlight* y *carbon dioxide*.

- **Glosarios y bancos de palabras:** incluir un glosario al final del material con definiciones del vocabulario técnico. Por ejemplo, en una unidad sobre ecosistemas, se podría incluir un glosario con términos como *biome* (bioma) y *biodiversity* (biodiversidad) con sus respectivas definiciones.

- **Notas aclaratorias al margen:** agregar sinónimos o breves explicaciones al lado de palabras clave. Por ejemplo, junto a *biodiversity*, se podría poner (*the variety of life in a specific habitat*).

2. **Adaptación a nivel de frase:** en este nivel, se simplifican las estructuras de las oraciones para facilitar la comprensión:

- **Simplificación de estructuras:** se pueden reescribir frases complejas utilizando construcciones más simples, de modo que la frase sea más accesible para los estudiantes.

  Original: *"The mummy of Tutankhamun had a magnificent mask made of burnished gold that covered its face and shoulders"* (Echevarria *et al.*, 2023, p. 42).

  Adaptación: *"King Tutankhamun's mummy wore a beautiful mask made of shiny gold. It covered its head and shoulders."* (Echevarria *et al.*, 2023, p. 42).

- **Sustitución de palabras complejas:** cambiar términos difíciles por otros más familiares, pero solo cuando sea apropiado. Por ejemplo, en lugar de *acquisition*, se puede usar *learning*, lo que hace el texto más comprensible.

- **Uso de voz activa:** siempre que sea posible, evitar la voz pasiva en favor de la voz activa para hacer las oraciones más directas y fáciles de entender. Por ejemplo:

  Voz pasiva: *Renewable energy is used by many communities.*

  Voz activa: *Many communities use renewable energy.*

- **Parafraseo:**

  Original: *Animals in colder climates are more prone to developing thick fur.*

  Adaptación: *Animals in colder climates are more likely to develop thick fur.*

- **Eliminación de detalles innecesarios:**

  Original: *In order to effectively use the software, it is crucial to familiarize yourself with all the features and functions it offers.*

  Adaptación: *To use the software effectively, familiarize yourself with its features.*

- **Reducción de la longitud de las oraciones:**

  Original: *When you are creating your artwork, it is important to select the right colors and materials that will best express your ideas.*

  Adaptación: *When creating your artwork, select the right colors and materials. They should effectively express your ideas.*

Sin embargo, hay que tener cuidado a la hora de simplificar, porque es fundamental recordar que los estudiantes necesitan aprender el lenguaje académico. Por lo tanto, se debe evitar la tentación de sustituir todo el lenguaje específico por términos más simples que podrían afectar el aprendizaje del contenido.

3. Adaptación a nivel textual: se enfoca en la organización y presentación del contenido:

- **Incorporación de apoyos visuales:** usar imágenes, diagramas o infografías que complementen el texto. Por ejemplo, al explicar el ciclo del agua, se puede incluir un diagrama que ilustre las etapas (*evaporation, condensation, precipitation*).

- **Mapas conceptuales y esquemas:** utilizar mapas conceptuales para representar visualmente las relaciones entre los conceptos. Por ejemplo, en una unidad sobre *solar energy*, un esquema que muestre cómo se convierte la luz solar en electricidad puede ayudar a comprender mejor el proceso.

- **Organización clara del texto:** dividir el texto en párrafos cortos, cada uno con un encabezado que resuma la idea principal. Esto puede ayudar a los estudiantes a acceder al contenido con mayor facilidad. Por ejemplo, en un texto sobre climate change, se pueden usar encabezados como *Causes*, *Effects* y *Solutions*.

- **Incluir resúmenes y preguntas:** al final de cada sección, se puede incluir un breve resumen de los puntos clave y preguntas para reflexionar sobre lo aprendido. Por ejemplo, después de un texto sobre *renewable energy*, se podría incluir una actividad como: *Summarize the benefits of using solar energy. How can your community implement solar energy solutions?*

3.3. Evaluación de materiales AICLE

En algunos niveles y asignaturas es más habitual que existan materiales AICLE ya creados en la lengua extranjera y adaptados al nivel educativo correspondiente. A pesar de ello, algunos de estos materiales no siempre tienen en cuenta ciertos de los aspectos que hemos presentado en este capítulo. Por eso, es importante que los docentes tengan recursos para evaluar estos materiales de manera crítica. A continuación, se ofrece una lista de verificación de materiales AICLE desarrollada por Mehisto (2012) que se puede utilizar tanto para evaluar los materiales que ya están publicados como para evaluar los materiales creados por el propio profesorado:

Figura 9. Evaluación de materiales AICLE.

Evaluación de materiales

☐ Incluye objetivos de aprendizaje de contenido, lengua y habilidades de aprendizaje.

☐ Fomenta el lenguaje académico general y específico de la asignatura.

☐ Fomenta el desarrollo de habilidades de aprendizaje y la autonomía del estudiante.

☐ Incluye autoevaluación, evaluación entre compañeros y otros tipos de evaluación formativa.

☐ Fomenta la inclusión y la diversidad.

☐ Fomenta el aprendizaje cooperativo y el pensamiento crítico.

☐ Incorpora lenguaje auténtico y el uso auténtico del lenguaje.

☐ Incluye el andamiaje de contenido, lenguaje, y desarrollo de habilidades de aprendizaje.

☐ Ayuda a que el aprendizaje sea significativo.

· **Incluye objetivos de aprendizaje referentes a contenido, lenguaje y habilidades de aprendizaje**

Por ejemplo, en Ciencias Naturales en primaria, una sesión sobre los animales podría establecer como objetivos que los estudiantes identifiquen las características de los mamíferos (contenido), usen términos como "vivíparo" y "depredador" correctamente (lenguaje), y clasifiquen animales en función de su alimentación (habilidades de aprendizaje).

En secundaria, en una unidad sobre las placas tectónicas, los objetivos incluirían que los estudiantes puedan nombrar las placas tectónicas (contenido), usar términos como "subducción" y "falla" correctamente (lenguaje), y resumir las ideas principales de un texto científico (habilidades de aprendizaje).

De igual modo, en Historia en secundaria, una unidad sobre la Primera Guerra Mundial podría incluir la capacidad de explicar las causas del conflicto (contenido), utilizar conectores temporales como "después de" y "a raíz de" (lenguaje), y redactar un resumen coherente de las principales causas y consecuencias (habilidades de aprendizaje). Esto ayuda a los estudiantes a comprender tanto el contenido como el uso del lenguaje asociado de manera simultánea.

- **Fomenta sistemáticamente la competencia en el lenguaje académico general y en el específico de la asignatura**

  Para que los estudiantes logren desenvolverse eficazmente en un entorno académico, es esencial que los materiales AICLE fomenten tanto la competencia en el lenguaje académico general como en el lenguaje específico de la asignatura. El lenguaje académico general incluye las expresiones, conectores y estructuras gramaticales que se utilizan en muchas disciplinas para organizar ideas, hacer comparaciones, expresar causas y efectos, o justificar opiniones. Ejemplos de esto son conectores como "sin embargo", "además", o "como consecuencia de", que son aplicables en una amplia variedad de contextos.

  Por otro lado, el lenguaje específico de la asignatura se refiere al vocabulario técnico y las estructuras lingüísticas que son propias de un área en particular. Esto incluye términos que solo tienen relevancia dentro de un contexto determinado, como "fotosíntesis" en Biología o "erosión" en Geografía, y también los patrones lingüísticos específicos utilizados en cada materia, como descripciones de procesos científicos en Biología o la narración de hechos históricos en Historia.

Por ejemplo, en Ciencias Sociales en primaria, una lección sobre los climas del mundo puede enseñar a los estudiantes a usar vocabulario específico como "templado", "húmedo" o "árido" (lenguaje específico), y al mismo tiempo, los alumnos/as pueden aprender a utilizar conectores comparativos como "en comparación con" o "de manera similar" para comparar los diferentes tipos de climas (lenguaje académico general).

En Biología en secundaria, al abordar el sistema digestivo, el enfoque en el lenguaje específico se centraría en el uso correcto de términos como "enzimas", "absorción" o "nutrientes". Paralelamente, los estudiantes deberían practicar el lenguaje académico general al aprender a explicar procesos complejos utilizando conectores como "además", "debido a" o "como resultado de", los cuales permiten describir relaciones de causa y efecto con claridad y precisión.

De este modo, el desarrollo de la competencia en ambos tipos de lenguaje ayuda a que los estudiantes no solo dominen el contenido, sino que también sean capaces de expresarlo de manera coherente y académicamente apropiada, lo cual es fundamental para su éxito en un entorno plurilingüe.

- **Fomenta el desarrollo de habilidades de aprendizaje y la autonomía del estudiante**

    Las habilidades de aprendizaje incluyen competencias como la planificación, la organización del tiempo, la resolución de problemas, y la capacidad de reflexionar sobre el propio proceso de aprendizaje. Al fomentar estas habilidades, los estudiantes se convierten en aprendices más eficaces y autosuficientes, capaces de aplicar estrategias que les ayuden a enfrentarse a nuevas tareas de manera independiente.

Por su parte, la autonomía del alumno/a se refiere a la capacidad de tomar decisiones sobre su propio aprendizaje, establecer metas, monitorizar su progreso y evaluar sus resultados. Esto implica que los estudiantes no dependan exclusivamente del profesorado para avanzar, sino que desarrollen la capacidad de autorregularse y tomar la iniciativa en su aprendizaje.

Los materiales AICLE deben proporcionar oportunidades para que el alumnado practique estas habilidades, ayudándole a construir la confianza necesaria para gestionar su propio progreso de manera efectiva. Por ejemplo, en Educación Artística en primaria, los alumnos podrían recibir una serie de directrices básicas para crear una pintura, pero se les anima a tomar decisiones autónomas sobre el tema, los colores y las técnicas que quieren explorar. Este enfoque les da libertad creativa, fomentando su autonomía artística mientras desarrollan habilidades para planificar y ejecutar un proyecto desde el inicio hasta el final.

En Ciencias Naturales en secundaria, se puede pedir a los estudiantes que lleven a cabo un proyecto de investigación sobre los ecosistemas locales. En lugar de proporcionarles una serie de instrucciones detalladas para cada paso, el profesorado puede ofrecer una guía general y permitir que los alumnos/as tomen decisiones clave por sí mismos. Por ejemplo, se les puede pedir que identifiquen qué aspectos del ecosistema desean investigar (por ejemplo, la biodiversidad, el impacto humano o las interacciones entre especies), que seleccionen las fuentes de información adecuadas (libros, artículos científicos, entrevistas con expertos locales), y que organicen los datos recolectados de forma lógica y coherente. Este enfoque fomenta la autonomía al permitir que el alumnado tome decisiones en cada etapa del proyecto, lo que implica desarrollar habilidades como la gestión del tiempo (planificar cuánto tiempo dedicarán a cada fase del proyecto), la búsqueda de información fiable (evaluar qué fuentes de información son válidas), y la reflexión crítica (analizar los datos recolectados y sacar conclusiones).

Proporcionar a los estudiantes oportunidades para aplicar estas estrategias los prepara para ser aprendices más independientes y reflexivos, capaces de transferir estas competencias en diferentes contextos educativos y a lo largo de su vida.

- Incluye autoevaluación, evaluación entre compañeros y otros tipos de evaluación formativa

   Incluir prácticas de autoevaluación, evaluación entre compañeros y otros tipos de evaluación formativa en los materiales permite a los estudiantes reflexionar críticamente sobre su propio trabajo, recibir comentarios constructivos de sus compañeros/as y guiar su progreso de forma más autónoma.

   La autoevaluación ayuda a los estudiantes a revisar su propio trabajo y a ser consciente de sus fortalezas y áreas de mejora, lo que fomenta la autorregulación y el aprendizaje independiente. La evaluación entre compañeros ofrece una oportunidad para que los estudiantes compartan sus trabajos y reciban retroalimentación útil de sus compañeros/as, lo que no solo mejora sus propios productos, sino que también fortalece su capacidad crítica para evaluar el trabajo de otros. Además, la retroalimentación del profesorado y las evaluaciones formativas a lo largo del proceso permiten que los estudiantes ajusten sus tareas en tiempo real, lo que refuerza la idea de que el aprendizaje es un proceso continuo.

Por ejemplo, en Ciencias Naturales en primaria, los estudiantes podrían realizar una investigación sobre el ciclo del agua. A medida que avanzan en el proyecto, se les podría proporcionar una rúbrica de autoevaluación que incluya criterios como el uso del vocabulario específico (por ejemplo, *evaporation, condensation, precipitation*), la claridad de sus explicaciones y la organización de su presentación. Para evaluar el uso del vocabulario, los estudiantes podrían hacer una lista de los términos clave que han utilizado en sus explicaciones y marcar cuáles consideran que han usado correctamente. También podrían escribir ejemplos de cómo han utilizado estos términos en sus descripciones del ciclo del agua. Esto les permite reflexionar sobre su trabajo y hacer ajustes antes de presentarlo. Después de completar su investigación, los estudiantes pueden presentar sus trabajos preliminares a sus compañeros. Durante esta evaluación entre compañeros, se les puede pedir que den retroalimentación utilizando otra rúbrica que valore la claridad de la explicación de los conceptos y la adecuación del vocabulario utilizado. Los compañeros pueden anotar ejemplos específicos de cómo se utilizó el vocabulario y ofrecer sugerencias para mejorar la precisión o la claridad.

En Historia en secundaria, durante una unidad sobre la Revolución Industrial, los estudiantes podrían realizar un ensayo escrito en inglés analizando los efectos de la Revolución en las condiciones de trabajo. En lugar de esperar a la evaluación final, los estudiantes pueden participar en una sesión de evaluación formativa a mitad del proceso, donde presentan sus borradores al profesor y reciben comentarios específicos sobre el uso de términos clave (como *urbanization*, *industrialization, labor unions*) y la coherencia de su argumentación. También pueden realizar una autoevaluación de su ensayo, utilizando una rúbrica que evalúe la estructura del texto, la claridad de los argumentos y el uso adecuado del vocabulario histórico.

Estas formas de evaluación permiten que los estudiantes ajusten su trabajo en función de la retroalimentación, mejorando tanto su comprensión del contenido como su habilidad para expresarlo en inglés. De este modo, se promueve un enfoque más reflexivo y colaborativo del aprendizaje, facilitando que los estudiantes desarrollen una mayor autonomía y una actitud proactiva hacia su progreso académico.

- **Ayuda a crear un entorno de aprendizaje seguro a través de la inclusión, fomentando la diversidad**

  Los materiales AICLE deben ser diseñados de tal manera que reflejen y respeten la diversidad cultural, étnica y social de los estudiantes, así como sus diferentes estilos de aprendizaje.

  La inclusión implica reconocer y valorar las diferencias individuales de cada estudiante, incluyendo sus antecedentes culturales, habilidades y formas de aprender. Un entorno inclusivo permite a los estudiantes sentirse cómodos al expresarse y participar sin miedo a ser juzgados, lo que es fundamental para el aprendizaje en una lengua extranjera. Al mismo tiempo, fomentar la diversidad en el aula significa ofrecer múltiples perspectivas y enfoques sobre los temas tratados, enriqueciendo la experiencia de aprendizaje para todos.

  Por ejemplo, en Biología en secundaria, durante una unidad sobre la biodiversidad, se puede pedir a los estudiantes que investiguen sobre especies de su propia región y cómo estas se ven afectadas por el cambio climático. Los materiales de la clase pueden incluir información sobre la conservación de especies de diferentes culturas y cómo diversas comunidades indígenas manejan sus recursos naturales. Esta inclusión de perspectivas culturales diversas ayuda al alumnado a reconocer la importancia de la diversidad biológica y cultural en el contexto del aprendizaje de la biología, al mismo tiempo que promueve un sentido de responsabilidad colectiva hacia la conservación.

Además, es importante que los materiales AICLE incluyan diferentes estilos de aprendizaje y adapten las actividades para que todos los estudiantes tengan la oportunidad de participar. Por ejemplo, se pueden ofrecer actividades prácticas, visuales y auditivas en los materiales, permitiendo a los estudiantes elegir la forma en que desean abordar un tema.

Mehisto (2012) señala que los materiales también deben evitar el sarcasmo y la burla, promoviendo un ambiente de respeto por la diversidad. Los estudiantes deben sentirse seguros al compartir sus pensamientos y experiencias, lo que es fundamental para el aprendizaje efectivo. Además, fomentar la conciencia meta-afectiva mediante preguntas que animen a los estudiantes a reflexionar sobre cómo ciertas actividades o tareas les hacen sentir, contribuye a crear un ambiente donde se respete la diversidad de emociones y experiencias.

· **Fomenta el aprendizaje cooperativo y el pensamiento crítico**

Los materiales AICLE deben ser diseñados de manera que fomenten la colaboración entre estudiantes y al mismo tiempo estimulen su capacidad para pensar críticamente sobre el contenido que están aprendiendo.

El aprendizaje cooperativo implica que los estudiantes trabajen juntos en grupos pequeños para lograr un objetivo común, lo que contribuye a que el alumnado mejore la comprensión del contenido a la vez que desarrolla habilidades sociales, como la comunicación, la empatía y el respeto por las opiniones de los demás.

En Ciencias Naturales, por ejemplo, los estudiantes pueden ser divididos en grupos pequeños para investigar diferentes ecosistemas. Una vez que han recopilado la información, los estudiantes deben preparar una presentación para compartir sus hallazgos con la clase. Cada miembro del grupo puede asumir un rol específico, como presentador, diseñador de gráficos o encargado de la investigación, asegurando así que todos participen activamente. Esta asignación de roles definidos, hace que cada alumno/a se sienta responsable de su contribución, lo que fomenta un sentido de responsabilidad compartida hacia el éxito del grupo. Después de cada presentación, se organiza una sesión de preguntas y respuestas, donde los compañeros pueden hacer preguntas sobre el ecosistema presentado estimulando así el pensamiento crítico, ya que los estudiantes deben analizar la información, formular preguntas relevantes y reflexionar sobre las interconexiones entre los diferentes ecosistemas. Al final de la unidad, se puede llevar a cabo una reflexión grupal en la que cada estudiante comparta lo que aprendió, así como los desafíos que encontró durante la investigación y la presentación. Asimismo, se pueden incluir actividades interactivas, como juegos de rol, donde los estudiantes representan diferentes organismos dentro de un ecosistema y discuten sobre cómo sus interacciones afectan el equilibrio ecológico. Este tipo de actividad les permite explorar conceptos complejos de manera tangible, promoviendo así el desarrollo de habilidades de pensamiento crítico.

- **Busca formas de incorporar lenguaje auténtico y uso auténtico del lenguaje**

  Incorporar lenguaje auténtico y fomentar su uso, como ya hemos explicado anteriormente, son aspectos clave en el diseño de materiales AICLE. Esto permite a los estudiantes aprender en contextos que reflejan situaciones reales y relevantes. Al hacerlo, no solo mejoran su competencia lingüística, sino que también aumentan su motivación al ver cómo su aprendizaje se aplica en el mundo real.

  Los materiales deben incluir lenguaje de los medios y de la vida cotidiana, asegurando que los estudiantes se familiaricen con el vocabulario y las expresiones utilizadas en diferentes contextos sociales y laborales (Mehisto, 2012). Por ejemplo, en una unidad de Ciencias Sociales, se pueden utilizar artículos de prensa sobre eventos actuales, lo que permite a los estudiantes leer y discutir el lenguaje utilizado en la comunicación diaria.

  Además, los materiales deben promover asignaciones auténticas (Mehisto, 2012), es decir, tareas que conecten el contenido con la vida de los estudiantes. Por ejemplo, se puede pedir a los alumnos que desarrollen un plan para mejorar el patio del centro o que analicen su dieta semanal y sus posibles efectos a largo plazo. Estas tareas fomentan el uso del lenguaje en situaciones prácticas y relevantes para ellos (Mehisto, 2012).

  Por otro lado, los materiales deben facilitar el diálogo y la discusión. Los estudiantes pueden formular preguntas en lugar de solo responderlas, lo que estimula el pensamiento crítico y la interacción entre ellos (Mehisto, 2012). Por ejemplo, en una lección de Biología, se puede organizar un debate sobre el cambio climático, donde el alumnado discuta diferentes puntos de vista y presente argumentos basados en evidencia.

Al incorporar estos elementos, los materiales AICLE permiten a los estudiantes usar el lenguaje de manera auténtica y significativa, preparándolos mejor para interactuar en el mundo real.

- **Fomenta la fluidez cognitiva mediante el andamiaje de contenido, lenguaje, y desarrollo de habilidades de aprendizaje**

  Fomentar la fluidez cognitiva es esencial en el contexto AICLE, ya que permite a los estudiantes aprender y procesar información de manera efectiva, especialmente al enfrentarse a contenido en un segundo idioma. Mehisto (2012) señala que para lograr esto, es fundamental utilizar estrategias de andamiaje que apoyen el contenido, el lenguaje y el desarrollo de habilidades de aprendizaje.

  El andamiaje del contenido consiste en ayudar a los estudiantes a relacionar el nuevo material con lo que ya saben. Esto se puede lograr utilizando estrategias que les permitan activar su conocimiento previo. Herramientas como actividades de predicción, preguntas guía, organizadores gráficos, tablas o infografías son útiles para simplificar información compleja. Es importante también evitar las oraciones compuestas y acortar los párrafos para que las ideas clave sean más fáciles de entender (Mehisto, 2012). Además, ofrecer recursos visuales facilita la comprensión de conceptos difíciles y hace que el aprendizaje sea más interactivo.

  El andamiaje del lenguaje puede lograrse a través de varias estrategias. Por ejemplo, es útil repetir nuevos sustantivos en lugar de usar pronombres, lo que ayuda a los estudiantes a retener el vocabulario. También se pueden acortar las oraciones y los párrafos para facilitar la comprensión. Asimismo, incluir sinónimos entre paréntesis o proporcionar explicaciones de vocabulario clave en los márgenes de los textos ayuda a aclarar el significado de términos complejos (Mehisto, 2012).

En cuanto al andamiaje de habilidades de aprendizaje, este se refiere a guiar a los estudiantes en el desarrollo de estrategias que les ayuden a convertirse en aprendices autónomos. Por ejemplo, cuando el docente proporciona un ejemplo de respuesta correcta al inicio de una actividad, ayuda al alumnado a entender lo que se espera de ellos. De igual manera, resaltar ejemplos de trabajos bien realizados y ofrecer comentarios sobre trabajos que necesitan mejoras promueve la autoevaluación y el aprendizaje autorregulado (Mehisto, 2012). Además, incluir actividades de planificación, monitoreo y evaluación anima a los estudiantes a formular preguntas y reflexionar sobre su proceso de aprendizaje. Esto significa que los estudiantes no solo están absorbiendo información, sino que también están pensando de manera activa sobre lo que están aprendiendo y cómo lo están haciendo.

Imaginemos que los estudiantes están trabajando en un proyecto sobre energías renovables. Para fomentar el aprendizaje, el/la docente puede guiar a los estudiantes a crear un plan de trabajo al inicio del proyecto. Cada grupo puede decidir investigar diferentes tipos de energía renovable, como la solar, eólica, etc. En esta etapa de planificación, los estudiantes pueden plantearse preguntas como: "¿qué tipo de energía vamos a investigar?", "¿qué fuentes de información necesitaremos?" y "¿cómo organizaremos nuestra presentación?".

Mientras trabajan en el proyecto, es fundamental que los estudiantes hagan pausas para evaluar su progreso. Por ejemplo, pueden revisar si han cumplido con el plan que hicieron al inicio. Durante estas pausas, pueden hacerse preguntas como: "¿hemos recolectado suficiente información sobre la energía solar?" o "¿necesitamos buscar más datos o ejemplos para nuestra presentación?". Este momento de monitoreo les permite discutir en grupo si hay partes de su investigación que no entienden completamente y cómo podrían aclararlas.

Una vez que han completado el proyecto y presentado sus hallazgos a la clase, los estudiantes deben reflexionar sobre su trabajo. Este proceso de evaluación es clave para su aprendizaje. Podrían hacerse preguntas como: "¿qué aspectos de nuestra presentación funcionaron bien?" y "¿qué podríamos haber hecho mejor en nuestra investigación o en nuestra exposición?". Esta reflexión les ayuda a identificar fortalezas y áreas de mejora, promoviendo un aprendizaje continuo. Este enfoque de autoexplicación es muy beneficioso, ya que ayuda a los estudiantes a organizar sus pensamientos y gestionar su aprendizaje. Al finalizar el proyecto, un estudiante podría preguntarse: "¿por qué es importante utilizar energías renovables?", "¿cómo se relaciona lo que aprendí sobre la energía eólica con otros tipos de energía que he estudiado en clase?" y "¿cómo puedo aplicar esta información en mi vida diaria para ayudar al medio ambiente?". Al reflexionar sobre estas preguntas, el estudiante no solo consolida su conocimiento sobre energías renovables, sino que también desarrolla habilidades críticas de análisis y autoevaluación que le serán útiles en tareas futuras.

- **Ayuda a que el aprendizaje sea significativo**

Para que el aprendizaje sea realmente significativo, es fundamental que los materiales AICLE expliquen la relevancia del contenido que se está enseñando. Según Mehisto (2012), los buenos materiales ayudan a los estudiantes a comprender cómo se relaciona lo que están aprendiendo con sus vidas. Por ejemplo, pueden hacer preguntas específicas que les permitan reflexionar sobre cómo pueden utilizar ese conocimiento en su vida diaria o en su comunidad.

Además, los materiales deben conectar el aprendizaje con los intereses de los estudiantes y sus experiencias personales. Esto se logra al relacionar nuevos conceptos con el conocimiento previo, lo que profundiza su comprensión. Por ejemplo, al introducir un nuevo tema, el docente puede hacer referencia a lo que los estudiantes ya han aprendido, creando así un hilo conductor entre lo viejo y lo nuevo.

4. Metodologías activas y tareas prácticas para integrar contenido y lengua

Esta sección presenta una selección de metodologías activas basadas en el aprendizaje y que promueven la participación, la comunicación en la lengua extranjera, el pensamiento crítico y el aprendizaje significativo. Los modelos que se presentan aquí están centrados en el aprendizaje, no en la enseñanza; es decir, el foco está en el alumno/a como elemento central y sujeto activo en el proceso de enseñanza-aprendizaje. Esto favorece que el alumnado adquiera competencias del siglo XXI y no solo los conocimientos teóricos del currículo.

4.1. Aprendizaje cooperativo

Para entender el aprendizaje cooperativo dentro del marco de AICLE, es útil reflexionar sobre las prácticas de enseñanza que solemos emplear en el aula. Alberich y Florit (s.f.) proponen una reflexión inicial sobre cómo se manejan las preguntas y la práctica guiada en el aula.

Esto permite a los docentes identificar su propio estilo de enseñanza y considerar cómo influye en el aprendizaje de sus estudiantes. A continuación, te proponemos que leas los siguientes escenarios planteados por Alberich y Florit (s. f.) y elijas con cuál te identificas más.

1. **Formulación de preguntas:**

Formular preguntas en clase permite comprobar la comprensión, fomentar el compromiso activo y revisar el contenido. Dependiendo de nuestro estilo, manejamos estas preguntas de manera diferente.

- Docente A: hace una pregunta a la clase y permite que los estudiantes levanten la mano para responder. Luego, elige a uno de los voluntarios, quien da su respuesta, a la que el docente reacciona.

- Docente B: hace una pregunta a la clase, pero luego invita a los estudiantes a discutir en grupos pequeños o en parejas, diciendo cosas como "Habladlo en grupos" o "Comentadlo con un compañero". Posteriormente, el docente solicita la respuesta de uno de los miembros de cada grupo y responde a esta.

2. **Práctica guiada:**

Después de modelar una habilidad, queremos que los estudiantes la practiquen resolviendo diferentes problemas, a menudo con hojas de trabajo o fichas. En este caso, los dos estilos se desarrollan de manera distinta.

- Docente A: distribuye hojas de trabajo individuales y pide a los estudiantes que practiquen la habilidad de forma autónoma. Durante la actividad, enfatiza que "no miréis el trabajo de otros".

- Docente B: organiza a los estudiantes en grupos pequeños o parejas y les indica que se "ayuden entre sí" o que "resuelvan los problemas en grupo".

Si te identificas más con el Docente A, podrías estar utilizando un enfoque de instrucción más tradicional, donde el aprendizaje tiende a ser individual y la participación voluntaria puede limitar la inclusión de todos los estudiantes. Por otro lado, si te reconoces en el Docente B, estarías adoptando un enfoque más colaborativo que fomenta la interacción y el apoyo mutuo entre los estudiantes (Alberich y Florit, s.f.).

Al analizar estos enfoques, se destaca que el aprendizaje cooperativo, como en el modelo del Docente B, facilita no solo el trabajo en equipo, sino también el desarrollo de habilidades comunicativas y sociales que son esenciales en entornos AICLE. Estos escenarios no solo mejoran la comprensión del contenido, sino que también permiten a los estudiantes practicar la lengua extranjera en un contexto auténtico y colaborativo.

El aprendizaje cooperativo se define como el uso instruccional de pequeños grupos en los que los estudiantes trabajan juntos para maximizar su propio aprendizaje y el de sus compañeros (Johnson *et al.*, 2013). Este enfoque pedagógico busca fomentar un entorno en el que los estudiantes se apoyen mutuamente y colaboren para alcanzar objetivos comunes. Sin embargo, es importante destacar que el aprendizaje cooperativo no es simplemente un sinónimo de estudiantes trabajando en grupos. Como señalan Alberich y Florit (s. f.), simplemente organizar al alumnado en grupos no garantiza que empiecen a cooperar de manera efectiva. De hecho, trabajar en un grupo disfuncional puede resultar incluso más contraproducente que hacerlo de forma individual.

El aprendizaje cooperativo, según Johnson *et al.* (1999), se fundamenta en una serie de principios que garantizan una colaboración efectiva y significativa entre los estudiantes. Estos principios constituyen la base de un aprendizaje en el que los estudiantes no solo participan, sino que se comprometen activamente con el proceso de colaboración, lo que promueve un entorno inclusivo y de apoyo en el que todos pueden contribuir y beneficiarse (Castillo-Rodríguez y Prat Fernández, 2014; Alberich y Florit, s.f.). A continuación, se exploran estos cinco elementos, que garantizan que el trabajo en grupo se traduzca en una verdadera colaboración y aprendizaje significativo.

Figura 10. Principios del aprendizaje cooperativo.

01 Interdependencia positiva
¡Todos para uno y uno para todos! La interdependencia positiva es clave en el aprendizaje cooperativo: cada alumno contribuye al éxito del grupo mediante tareas claras y objetivos comunes, fomentando compromiso y colaboración efectiva.

02 Responsabilidad individual y grupal
Cada miembro debe cumplir su parte y contribuir al objetivo grupal. El grupo evalúa el progreso y el esfuerzo individual para garantizar apoyo y fortalecer el aprendizaje.

03 Interacción estimuladora cara a cara
La interacción cara a cara fomenta apoyo académico y personal, donde los estudiantes comparten recursos, se ayudan y conectan lo aprendido, promoviendo el éxito grupal y el aprendizaje mutuo.

04 Habilidades interpersonales y grupales
El aprendizaje cooperativo exige habilidades sociales como liderazgo, toma de decisiones y manejo de conflictos. El profesorado debe enseñarlas junto con los contenidos académicos para garantizar un trabajo grupal efectivo.

05 Evaluación grupal
La evaluación grupal permite reflexionar sobre el progreso y la eficacia del trabajo en equipo, identificando mejoras y ajustando comportamientos para optimizar el aprendizaje colectivo.

La implementación de estos cinco elementos no solo son características de buenos grupos de aprendizaje, sino que también representan una disciplina que debe aplicarse rigurosamente para crear condiciones que propicien una cooperación eficaz.

Para que los principios del aprendizaje cooperativo se traduzcan en la práctica, es fundamental utilizar estructuras cooperativas. Estas estructuras son estrategias específicas que han sido diseñadas para integrar los cinco principios del aprendizaje cooperativo en un aula. Una estructura se define como la manera en que el docente organiza la interacción en el aula. Describe la relación entre el docente, los estudiantes y el contenido de aprendizaje. Sin embargo, no todas las estructuras son cooperativas. Una estructura solo puede considerarse cooperativa si incorpora algunos de los cinco principios mencionados anteriormente. Por ejemplo, la enseñanza tradicional es una estructura, pero no una estructura cooperativa, ya que se basa en la transmisión de contenido de un docente a los estudiantes sin fomentar la interacción mutua (Alberich y Florit, s. f.).

El beneficio de utilizar este tipo de estructuras en las clases AICLE radica en la mejora de las habilidades de comunicación y el aumento de la motivación del alumnado. A medida que se utilizan más estructuras cooperativas en el aula, se desarrollan significativamente las habilidades comunicativas de los alumnos, ya que estas estrategias fomentan la interacción, el diálogo y la colaboración entre compañeros. Esto, a su vez, genera clases más atractivas y dinámicas, elementos que son fundamentales en el enfoque AICLE (Alberich y Florit, s. f.).

Existen numerosas estructuras cooperativas que los docentes pueden emplear para fomentar la colaboración en el aula. Estas estructuras han sido desarrolladas por varios investigadores y educadores, siendo Spencer Kagan uno de los pioneros en este ámbito, cuyas estrategias han demostrado ser altamente efectivas. A continuación, presentaremos ejemplos de algunas estructuras cooperativas que se adaptan particularmente bien a las clases de AICLE.

1. *Jigsaw* **(grupos de expertos):** los estudiantes se dividen en grupos pequeños, cada uno de los cuales se convierte en un "grupo de expertos" en un aspecto específico de un tema más amplio. Por ejemplo, si el tema general es "los planetas del sistema solar", un grupo

puede estudiar "Mercurio", otro "Venus", etc. Los estudiantes trabajan con información proporcionada por el docente o buscan información adicional sobre su área asignada, desarrollando así un dominio del contenido. Una vez que cada grupo se ha familiarizado con su tema, los miembros se reúnen en nuevos grupos mixtos que incluyen al menos un representante de cada grupo de expertos. En este nuevo grupo, cada estudiante enseña a sus compañeros la información que ha aprendido, permitiendo así la construcción del conocimiento colectivo. Para culminar la actividad, los equipos realizan una tarea final que requiere la integración de la información de todos sus miembros, por ejemplo, pueden crear un mural del sistema solar en el que representen cada planeta con imágenes, datos interesantes y características únicas.

2. *Numbered heads together* (**cabezas numeradas**): los estudiantes se organizan en grupos y a cada uno de los miembros se le asigna un número. Primero, el docente plantea una pregunta y otorga un tiempo para que los estudiantes piensen en sus respuestas. Cada estudiante escribe su respuesta de manera individual en silencio durante un corto período. Una vez que todos han anotado sus respuestas, los estudiantes se levantan y se agrupan para discutir sus ideas. En esa "reunión", comparten sus respuestas, se ayudan mutuamente y se aseguran de que todos en el grupo comprendan el contenido. Cuando todos están de acuerdo o han llegado a una respuesta común, regresan a sus asientos. A continuación, el docente selecciona un número al azar; el estudiante con ese número de cada grupo se levanta y comparte su respuesta con toda la clase.

3. *Rally table*: el docente anuncia el tema o la pregunta sobre la que los estudiantes van a trabajar. Luego, los estudiantes se organizan en grupos de cuatro o cinco y cada grupo se sienta alrededor de una mesa con una hoja de papel grande. A continuación, el docente da un tiempo para que los estudiantes piensen sobre el tema. Cada miembro del grupo tiene un turno para escribir su

respuesta o idea en el papel. Por ejemplo, si el tema es "tipos de animales", cada estudiante anota un tipo diferente de animal en la hoja. Una vez que todos han escrito, los grupos pueden rotar a otra mesa para revisar las respuestas de otros grupos y agregar más ideas o comentarios a lo que ya han escrito.

4. **Las cuatro esquinas:** actividad en la que se utilizan cuatro rincones del aula, cada uno correspondiente a una opción o respuesta a una pregunta planteada por el docente. Por ejemplo, en una clase de Historia sobre la Revolución Francesa, el docente podría plantear la pregunta: "¿Cuál fue la causa principal de la Revolución Francesa?" y etiquetar cada esquina con diferentes opciones, como "Desigualdad social", "Crisis económica", "Influencia de la Ilustración" y "Gobierno absoluto". Los estudiantes se mueven hacia la esquina que representa su respuesta. Una vez que todos están ubicados, se les da tiempo para discutir sus elecciones con los demás estudiantes en esa esquina. Luego, cada grupo puede presentar sus argumentos al resto de la clase. Esta estructura promueve la discusión, el debate y el uso de la lengua extranjera mientras los estudiantes profundizan en el contenido.

5. **Elige y responde:** los estudiantes trabajan en grupos pequeños utilizando tarjetas de preguntas sobre un tema específico, por ejemplo, en la asignatura de Tecnología, el docente crea un conjunto de tarjetas con preguntas sobre el tema de la tecnología sostenible, como "¿Qué se entiende por sostenibilidad en el diseño de productos?", "¿Qué materiales son considerados sostenibles en la construcción?", o "¿Cómo se puede fomentar el transporte sostenible en las ciudades?". En este contexto, un estudiante sostiene las tarjetas en forma de abanico y pide a un compañero/a que escoja una tarjeta. El segundo estudiante selecciona una tarjeta, lee la pregunta en voz alta y se le ofrecen unos segundos de "tiempo para pensar", dando a todos la oportunidad de reflexionar sobre la respuesta. Después, un tercer estudiante responde a la pregunta, explicando su comprensión del concepto. A continuación, un

cuarto estudiante parafrasea la respuesta con sus propias palabras y ofrece elogios o sugerencias para ayudar a reforzar la comprensión de todos. Este proceso se repite, rotando roles, lo que permite que cada estudiante tenga la oportunidad de elegir una tarjeta, responder y parafrasear.

4.2. Aprendizaje basado en tareas (ABT)

El Aprendizaje basado en tareas (ABT) es un enfoque que promueve la adquisición de una lengua mediante el uso de tareas auténticas y significativas que imitan situaciones del mundo real. Este enfoque, tal como lo definen Ellis (2009) y Willis (1996), se centra en el uso de la lengua como herramienta de comunicación para alcanzar un objetivo concreto, facilitando así el aprendizaje en contextos prácticos y relevantes.

Según Barbero (2012), el ABT encaja perfectamente en el paradigma AICLE, ya que permite a los estudiantes utilizar sus recursos lingüísticos para comprender y asimilar contenido de materias no lingüísticas. Además, el enfoque basado en tareas facilita la exposición significativa a la lengua meta, lo cual es esencial en la metodología AICLE. Este enfoque fomenta un ambiente de aprendizaje motivador, donde los estudiantes perciben el idioma no como un fin en sí mismo, sino como un medio para alcanzar metas relacionadas con el contenido académico.

Llinares y Dalton-Puffer (2015) coinciden en que las tareas de AICLE cumplen naturalmente con los criterios de ABT como los definió Ellis (2003):

- **Enfoque en el significado:** en AICLE, el énfasis en el significado se da de manera automática a través del currículo de contenido, ya que los estudiantes deben alcanzar metas no lingüísticas (como explicar el funcionamiento básico de un circuito eléctrico en una clase de Tecnología).

- **Existencia de una "brecha":** las tareas en AICLE a menudo incluyen brechas de conocimiento u opinión para fomentar la comunicación y la comprensión del contenido. Sin embargo, estas brechas pueden estar relacionadas tanto con el contenido como con el lenguaje, lo que es esencial para identificar cómo estas brechas afectan el aprendizaje y el uso del lenguaje por parte de los estudiantes.

- **Resultado definido y no lingüístico:** en AICLE, el resultado de las tareas suele ser un producto o una comprensión relacionada con el contenido de la materia, más que un logro puramente lingüístico. Esto significa que, aunque el uso del idioma es fundamental para completar la tarea, el enfoque principal está en alcanzar objetivos de aprendizaje específicos del contenido, como la comprensión de conceptos técnicos en Tecnología, la explicación de procesos en Ciencias, o la interpretación de eventos históricos en Historia. Por ejemplo, en una clase de Tecnología, un proyecto podría requerir que los estudiantes diseñen un modelo de un sistema de energía renovable, lo que implica que el resultado esperado es un prototipo funcional y una presentación oral sobre su funcionamiento, más que simplemente practicar estructuras gramaticales o vocabulario.

- **Elección de recursos lingüísticos:** en AICLE, los estudiantes tienen la libertad de elegir cómo expresarse en la L2 mientras trabajan en tareas relacionadas con el contenido de la materia. Esto significa que, en lugar de seguir un conjunto rígido de estructuras lingüísticas, los estudiantes pueden utilizar el vocabulario y las construcciones gramaticales que consideren más adecuadas para comunicar sus ideas y comprender el tema que están estudiando. Por ejemplo, al realizar un proyecto sobre energías renovables, los estudiantes podrían optar por utilizar términos técnicos relacionados con el tema, como "panel solar" o "energía eólica" y decidir cómo construir sus frases en función de su comprensión del contenido y su nivel de competencia en el idioma. Esta flexibilidad les permite actuar como usuarios activos de la lengua extranjera en situaciones reales, lo que contribuye a su desarrollo lingüístico de manera más natural y significativa.

La implementación del ABT en AICLE requiere una planificación cuidadosa para garantizar que las tareas seleccionadas sean adecuadas tanto para el desarrollo del contenido como para el aprendizaje de la lengua. Willis (1996) propone un marco estructurado en tres etapas para las lecciones basadas en tareas:

Figura 11. Marco para el ABT de Willis (1996).

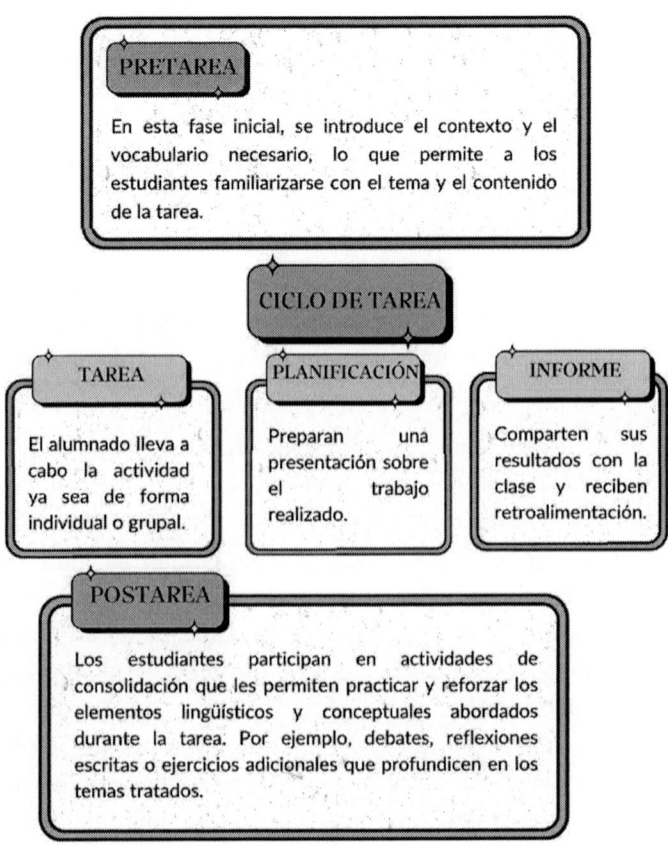

A continuación, se presenta una lista de verificación que puede orientar al profesorado en la creación de tareas efectivas dentro de un enfoque AICLE. Cada punto está acompañado de ejemplos concretos que ilustran cómo aplicar estos principios en el aula, asegurando que las actividades sean relevantes y enriquecedoras para el aprendizaje de los estudiantes.

Figura 12. Tareas efectivas en AICLE.

Tareas efectivas en AICLE

- Diseño de tareas significativas
- Establecimiento de objetivos claros
- Ejecución de la tarea
- Evaluación y retroalimentación
- Reflexión

· **Diseño de tareas significativas**

Las tareas están alineadas con los objetivos de aprendizaje de contenido y de lengua, y son relevantes para la vida real, lo que motiva a los estudiantes a participar activamente.

Ejemplo: en una clase de Ciencias, los estudiantes pueden realizar un proyecto sobre nutrición saludable. La tarea consistirá en investigar sobre los diferentes grupos de alimentos, sus beneficios para la salud y cómo contribuir a una dieta equilibrada. Los estudiantes investigarán en grupos y crearán un menú semanal saludable que incluya recetas y recomendaciones nutricionales.

- **Establecimiento de objetivos claros**

  Los contenidos que se van a trabajar en cada tarea están claramente definidos, lo que permite a los estudiantes comprender el propósito de su aprendizaje y facilita la evaluación.

  Ejemplo: en la tarea sobre nutrición saludable, los estudiantes deberán identificar los cinco grupos de alimentos, describir sus funciones en una dieta equilibrada y presentar al menos tres beneficios para la salud de cada grupo. Además, crearán un menú semanal que incluya opciones de cada grupo alimentario, asegurándose de que sea nutricionalmente equilibrado y atractivo para diferentes edades.

- **Ejecución de la tarea**

  Los estudiantes trabajan en la tarea de manera individual o en grupos, utilizando herramientas y recursos en el idioma que están aprendiendo para completar la tarea de manera efectiva.

  Ejemplo: los estudiantes investigarán diferentes aspectos de la nutrición mediante el uso de diversos recursos en inglés. Podrán consultar artículos y páginas web que describen los grupos de alimentos y sus beneficios, así como vídeos educativos que explican conceptos clave relacionados con una alimentación equilibrada.

- **Evaluación y retroalimentación**

  Se establecen criterios de evaluación claros que se comparten con los estudiantes antes de que inicien la tarea, lo que les ayuda a comprender las expectativas y los aspectos que se tendrán en cuenta en su desempeño.

Ejemplo: se utilizará una rúbrica que evaluará diferentes elementos, tales como la precisión de la información sobre los grupos de alimentos y sus beneficios, la creatividad y la presentación del menú semanal, así como el uso adecuado del vocabulario relacionado con la nutrición durante su exposición. Después de que cada grupo presente su menú a la clase en inglés, se ofrecerá retroalimentación constructiva que destaque los puntos fuertes de cada presentación, así como sugerencias para mejorar en futuras tareas. Esta retroalimentación no solo se centrará en el contenido, sino también en el uso del lenguaje, lo que permitirá a los estudiantes reflexionar sobre su aprendizaje y hacer ajustes en su práctica lingüística.

· **Reflexión**

Se invita a los estudiantes a reflexionar sobre su experiencia con la tarea, lo que les permite profundizar en su aprendizaje y en el uso del idioma.

Ejemplo: tras completar la tarea, los alumnos/as dedicarán tiempo a escribir un diario reflexivo en inglés, donde podrán abordar preguntas como: ¿qué has aprendido sobre los grupos de alimentos y su impacto en la salud? ¿qué desafíos encontraste al utilizar el inglés para expresar tus ideas y cómo los superaste? Esta actividad de reflexión fomenta una comprensión más profunda de su propio proceso de aprendizaje, animándolos a identificar áreas en las que pueden mejorar y a aplicar lo que han aprendido para hacer elecciones alimentarias más saludables en su vida cotidiana.

4.3. Aprendizaje basado en proyectos (ABP)

El Aprendizaje basado en proyectos (ABP) es un enfoque pedagógico que se centra en el aprendizaje activo, donde los estudiantes adquieren conocimientos y habilidades a través de la investigación y la resolución de problemas en contextos del mundo real. Este enfoque no solo fomenta la indagación, sino que también promueve el desarrollo de competencias esenciales para el siglo XXI, como el trabajo en equipo, la comunicación y el pensamiento crítico. Sin embargo, para implementar el ABP de manera efectiva, es crucial comprender qué constituye un proyecto auténtico y qué no.

Imaginemos, por ejemplo, el siguiente escenario en un aula de Ciencias Sociales: el docente entra con energía, se coloca frente a la clase y dice:

> *Hoy comenzamos un nuevo proyecto. Trabajaréis en grupos de 3 y cada uno de los grupos hará un cartel sobre una figura histórica importante. Podéis usar el material que queráis: cartulina, rotuladores, etc. La fecha de entrega será dentro de dos semanas y habrá una exposición al final para que todos mostréis vuestro producto final.*

¿Te resulta familiar esta escena? A menudo, nos encontramos en aulas donde se asignan "proyectos" que, lejos de ofrecer una verdadera experiencia de aprendizaje, se convierten en actividades de bajo nivel que consumen tiempo y esfuerzo sin aportar un valor educativo real (Larmer y Mergendoller, 2010). Un aula repleta de carteles, dibujos o murales puede dar la impresión de que los estudiantes han estado involucrados en un aprendizaje significativo. Sin embargo, lo que realmente diferencia un proyecto auténtico de una simple tarea es el proceso de aprendizaje y la profundidad del compromiso cognitivo de los estudiantes, más que el producto final.

Por lo tanto, para asegurar que un proyecto no se convierta en una simple tarea rutinaria, es esencial que cumpla con una serie de características clave que lo hagan realmente significativo. A continuación, exploraremos las siete características esenciales que, según Larmer y Mergendoller (2010), definen un buen proyecto y promueven un aprendizaje auténtico y duradero entre los estudiantes.

Figura 13. Características de un buen proyecto según Larmer y Mergendoller (2010).

1. Necesidad de saber

Para involucrar a los estudiantes desde el principio, es fundamental despertar su curiosidad y establecer una necesidad de saber o conocer algo. Imaginemos que al principio de una unidad sobre la contaminación en los ríos de Cantabria, el/la docente muestra un vídeo impactante de un río contaminado, seguido de imágenes de la fauna local afectada. Esta actividad inicial podría llevar a una discusión sobre sus experiencias con ríos contaminados en la región y por qué es importante cuidar nuestros ecosistemas. Después de esta conversación, el profesor/a podría presentar el proyecto, explicando que los estudiantes explorarán cómo proteger y restaurar un río local.

2. Pregunta guía

A partir de la discusión sobre la contaminación, el docente ayuda a los estudiantes a formular una pregunta guía para el proyecto. Por ejemplo: "¿cómo podemos reducir la contaminación del río Deva y proteger su biodiversidad?". Esta pregunta es clara y estimulante, contribuye a orientar el enfoque de la investigación y a que el alumnado sienta que el proyecto tiene un propósito significativo en su aprendizaje.

3. Voz y voto

Una vez establecida la pregunta guía, se ofrecen a los estudiantes diversas opciones para presentar sus hallazgos. Pueden optar por crear un documental sobre el río, diseñar una campaña de concienciación o incluso desarrollar una aplicación que informe sobre la calidad del agua. Cuanta más voz y voto tenga el alumnado, mayor será su compromiso con el proyecto.

4. Habilidades del siglo XXI

Durante el desarrollo del proyecto, los estudiantes trabajan en equipos, promoviendo la colaboración y la comunicación. Aprenden a gestionar su tiempo y a resolver problemas en grupo, lo que fortalece sus habilidades interpersonales. La asignación de tareas y responsabilidades les permite practicar la negociación y el liderazgo y las discusiones o intercambios de opiniones enriquecen su capacidad para escuchar diferentes puntos de vista y alcanzar consensos. Además, enfrentarse a problemas complejos fomenta el pensamiento crítico. Deben analizar información, evaluar fuentes y formular argumentos sólidos, lo que les ayuda a tomar decisiones informadas y a ser más autónomos en su aprendizaje. Asimismo, la integración de la tecnología es clave; los estudiantes pueden utilizar herramientas digitales para crear pódcasts, desarrollar aplicaciones o editar vídeos, lo que les proporciona habilidades prácticas y relevantes para el siglo XXI.

5. Indagación e innovación

La indagación real es fundamental para que el aprendizaje basado en proyectos sea significativo. Los estudiantes se benefician más cuando su investigación no se limita a buscar información en libros o en Internet para luego copiarla en un cartel o en hojas de papel. En cambio, la investigación auténtica comienza con sus propias preguntas, lo que los lleva a explorar recursos diversos y a buscar respuestas que alimenten su curiosidad. En el ejemplo del proyecto sobre el río Deva, los estudiantes deben realizar una indagación real que les permita formular sus propias preguntas sobre la contaminación del río, por ejemplo, sobre temas como las fuentes de contaminación, las especies afectadas y las posibles soluciones. De este modo, siguen un camino que comienza con sus propias preguntas, conduce a la búsqueda de recursos y al descubrimiento de respuestas, y, a menudo, los lleva a generar nuevos interrogantes, como "¿qué alternativas hay a los productos químicos que se utilizan en la agricultura que afectan la calidad del agua?". Así pues, esta exploración activa no se limita a reproducir información proporcionada por el docente o los libros de texto, sino que fomenta la innovación. Los estudiantes pueden desarrollar respuestas originales a las preguntas que han ido planteando, crear productos novedosos o diseñar soluciones concretas a los problemas de contaminación identificados.

6. Retroalimentación y revisión

El aprendizaje basado en proyectos fomenta en el aula una cultura de revisión y retroalimentación continua. Los estudiantes comprenden que cometer errores es parte del proceso y que es fundamental revisar el trabajo que están realizando. Este enfoque de aprendizaje crea numerosas oportunidades para reflexionar sobre sus producciones antes de la fecha de entrega final. Al igual que en los entornos laborales profesionales, los estudiantes tienen la oportunidad de intercambiar críticas constructivas entre ellos y de recibir comentarios, lo que enriquece su proceso de aprendizaje.

Es fundamental que los estudiantes reconozcan que las primeras versiones de su trabajo rara vez son perfectas y que la revisión es una práctica habitual en el mundo real. En este sentido, el profesorado desempeña un papel esencial. Por un lado, proporciona retroalimentación directa, supervisa el trabajo, revisa los borradores iniciales y se reúne con los equipos para monitorear su progreso. Por otro lado, debe guiar a los estudiantes en el uso de rúbricas o criterios específicos para evaluar el trabajo de sus compañeros/as.

Por ejemplo, en el contexto del proyecto sobre la contaminación del río Deva, los estudiantes elaboran un borrador de su campaña de concienciación. El docente destina una sesión a la retroalimentación, en la que los grupos tienen la oportunidad de compartir sus ideas y recibir críticas constructivas. Por ejemplo, un equipo que ha diseñado una campaña para concienciar sobre la calidad del agua se da cuenta, a través de los comentarios de sus compañeros/as, de que su mensaje no es lo suficientemente claro y que podría mejorarse incluyendo datos concretos sobre la situación actual del río. Por su parte, el/la docente les recomienda que utilicen fuentes fiables, como informes del gobierno local sobre la calidad del agua o estudios de la universidad sobre la biodiversidad en el río. Además, les ofrece ejemplos de cómo presentar estos datos de manera atractiva, por ejemplo, mediante el uso de gráficos o infografías sencillas que faciliten la comprensión de la información por parte de su público objetivo.

Así, esta dinámica de retroalimentación no solo mejora la calidad de sus campañas, sino que también fomenta un ambiente colaborativo donde los estudiantes aprenden a valorar la crítica constructiva como parte esencial del proceso de aprendizaje.

7. Producto presentado públicamente

El aprendizaje se vuelve más significativo cuando no se realiza únicamente para el profesorado o para un examen. La presentación del trabajo ante una audiencia real motiva a los estudiantes a cuidar más la calidad de sus proyectos; cuanto más auténtica sea la experiencia, mayor será el compromiso de los alumnos. Por ejemplo, en el proyecto sobre la contaminación del río Deva, los grupos tienen la responsabilidad de compartir sus hallazgos y propuestas ante el resto de la clase, pero también tendrán la oportunidad de publicar su campaña en plataformas online como YouTube o el blog del centro. De esta manera, su trabajo alcanzará a un público más amplio, incluyendo a familiares y miembros de la comunidad, lo que añade valor y relevancia a sus esfuerzos de concienciación sobre la calidad del agua. De esta manera, se pretende mostrarles que su trabajo tiene valor más allá de las paredes del aula y que pueden contribuir a la comunidad de manera significativa.

Como se puede observar a partir de las características mostradas, el ABP se alinea de manera eficaz con el enfoque AICLE, puesto que ambos fomentan un aprendizaje activo y centrado en el estudiante, donde el contenido se aborda en un contexto auténtico y significativo a la vez que se contribuye al desarrollo de habilidades lingüísticas y comunicativas esenciales para su futuro. Esta sinergia potencia la motivación y el compromiso del alumnado, preparando a una nueva generación de aprendices que son capaces de enfrentar los desafíos del mundo actual con una mentalidad crítica y creativa.

5. Diseño Universal de Aprendizaje (DUA) y atención a la diversidad

Desde que la Agenda 2030 (UNESCO, 2016) estableció la meta de garantizar una educación inclusiva y de calidad para todas las personas a lo largo de su vida, los sistemas educativos han intensificado su interés por la inclusión. Sin embargo, pese a los esfuerzos, el avance en este ámbito se ha visto limitado por diversos factores, como la rigidez de las estructuras educativas, la falta de recursos y la insuficiente formación docente para atender a un alumnado cada vez más diverso en cuanto a origen, género, capacidades o desarrollo cognitivo y emocional. En este contexto, el Diseño Universal para el Aprendizaje (DUA) ha resurgido como una herramienta clave para superar estos obstáculos y avanzar hacia una educación verdaderamente inclusiva.

Aunque el DUA tiene sus orígenes en la década de los 80 en el *Center for Applied Special Technology* (CAST), su relevancia actual radica en que proporciona un marco pedagógico que busca aumentar las oportunidades de acceso al aprendizaje para un alumnado diverso, considerando sus conocimientos previos, intereses personales, así como sus ritmos y estilos de aprendizaje (López, 2007). Originalmente, los investigadores del CAST se centraron en desarrollar tecnologías destinadas específicamente al alumnado con discapacidades. Sin embargo, como descubrieron más tarde, estas herramientas también se utilizaban espontáneamente por estudiantes sin necesidades especiales aparentes, lo que reveló su potencial para beneficiar a un espectro mucho más amplio de alumnos/as (Alba Pastor *et al.*, 2014).

Un ejemplo clave es la tecnología de conversión de texto a audio, inicialmente diseñada para estudiantes con discapacidad visual, pero que también resultó ser útil para aquellos que aún no leían con fluidez, preferían la vía auditiva o, simplemente, encontraban más cómodo escuchar el texto. Este descubrimiento llevó a los investigadores a cuestionar si las dificultades de aprendizaje se debían realmente a las capacidades del alumnado o más bien a la rigidez de los materiales didácticos y los métodos tradicionales de enseñanza, los cuales no lograban adaptarse a la diversidad de ritmos y estilos de aprendizaje presentes en el aula (Alba Pastor, 2014). Este análisis hizo evidente que el éxito del aprendizaje depende, en gran medida, de la flexibilidad de los recursos y medios utilizados, y no solo de las habilidades del alumnado. Así, el DUA propone estrategias pedagógicas que adaptan los materiales y métodos, considerando los conocimientos previos, intereses personales y estilos de aprendizaje de cada estudiante, asegurando así un acceso equitativo al aprendizaje (López, 2007).

Este enfoque es especialmente útil en entornos educativos donde la diversidad no solo abarca aspectos como las capacidades o los antecedentes culturales, sino también el dominio de una lengua extranjera, como ocurre en las clases AICLE. En este contexto, aplicar los principios del DUA permite que todo el alumnado, independientemente de su nivel de competencia lingüística o estilo de aprendizaje, pueda acceder de manera efectiva tanto a los contenidos como al idioma. A continuación, a partir de los principios recabados por Alba Pastor *et al.* (2014) se detallan algunas estrategias clave para integrar el DUA en clases AICLE y favorecer un aprendizaje más inclusivo.

1. Directrices sobre las formas de representación (El "qué" del aprendizaje)

Dado que los estudiantes en AICLE no solo deben enfrentarse a nuevos contenidos, sino que también están aprendiendo en una lengua que no dominan completamente, es esencial proporcionar diferentes maneras de presentar la información. Esto les permite acceder al conocimiento de diversas formas, facilitando la comprensión tanto del contenido como del idioma. Por ejemplo:

Uso de soportes visuales y gráficos: al enseñar un tema de Conocimiento del Medio en inglés, por ejemplo, el docente puede complementar las explicaciones verbales con gráficos, diagramas, mapas conceptuales y vídeos que representen visualmente el contenido. Esto ayuda a los estudiantes a comprender conceptos complejos, como el ciclo del agua o el sistema digestivo, sin depender únicamente de la comprensión del lenguaje.

Glosarios visuales bilingües: proporcionar listas de vocabulario clave con imágenes o definiciones en la lengua nativa del alumnado y la lengua extranjera facilita la asimilación de terminología específica de la asignatura, como términos de Historia, Geografía o Matemáticas.

Textos adaptados y multimodales: al trabajar con textos científicos o históricos, se pueden ofrecer versiones simplificadas, audios o subtítulos, y utilizar tecnología que permita la conversión de texto a audio para aquellos estudiantes que prefieren escuchar la información.

2. Directrices sobre las formas de acción y expresión (El "cómo" del aprendizaje)

En el entorno AICLE, el alumnado no solo debe aprender el contenido, sino también demostrar lo que ha aprendido en una lengua extranjera. Cada estudiante tiene habilidades diferentes para expresar sus conocimientos, especialmente cuando el idioma es una barrera, por eso es crucial ofrecer diversas maneras de demostrar el aprendizaje, sin depender únicamente de la escritura o la producción oral en la lengua extranjera.

Proyectos multimodales: los estudiantes pueden realizar proyectos que les permitan demostrar lo que han aprendido utilizando diferentes herramientas. Por ejemplo, en una clase de Historia impartida en francés, pueden crear presentaciones en PowerPoint, vídeos explicativos o pódcasts. Estos formatos permiten que se expresen sin depender exclusivamente de la producción escrita u oral en la lengua extranjera.

Expresiones creativas: en una clase de Geografía en inglés, el alumnado puede elaborar mapas interactivos o utilizar programas como Google Earth para investigar y presentar sus descubrimientos. Los estudiantes con dificultades para expresarse en la lengua extranjera pueden añadir notas escritas o grabaciones de voz para complementar su trabajo.

Evaluaciones alternativas: en lugar de una prueba escrita tradicional, se podría dar la opción a los estudiantes de hacer presentaciones orales, desarrollar infografías o colaborar en proyectos grupales que integren texto, imágenes y sonido. Esto permite a los estudiantes elegir cómo mostrar sus conocimientos, según sus puntos fuertes.

3. **Directrices sobre las formas de implicación (El "porqué" del aprendizaje)**

El principio de proporcionar múltiples formas de implicación es crucial en AICLE, ya que las diferencias en motivación y compromiso pueden ser aún más marcadas cuando el idioma actúa como un obstáculo. Para mantener a todos los estudiantes involucrados y motivados, es esencial ofrecer actividades variadas que se ajusten a sus intereses, estilos de aprendizaje y niveles de competencia lingüística.

- **Actividades diferenciadas según intereses:** en una clase de Biología impartida en inglés, el docente puede ofrecer diferentes temas para proyectos individuales o grupales, como la biodiversidad en la selva amazónica o la contaminación de los océanos. Esto permite que los estudiantes elijan un tema que les interese y los motive a investigar, facilitando la participación activa a pesar de las dificultades lingüísticas.

- **Uso de gamificación y tecnologías interactivas:** herramientas como Kahoot, Quizlet o plataformas educativas interactivas pueden introducir elementos de juego en el aprendizaje, lo que aumenta la motivación del alumnado y también permiten niveles de dificultad ajustables.

- **Proyectos colaborativos e interculturales:** los estudiantes pueden trabajar en grupos heterogéneos para desarrollar proyectos que impliquen la resolución de problemas o investigaciones conjuntas. Esto no solo refuerza el contenido, sino que también fomenta la interacción en la lengua extranjera y el intercambio cultural, lo cual es altamente motivador para el alumnado.

Así pues, aplicar los principios del DUA en clases AICLE es clave para asegurar que todos los estudiantes, independientemente de sus habilidades lingüísticas o estilos de aprendizaje, tengan acceso a un aprendizaje significativo. Ofrecer diversas formas de presentar la información, de expresar lo aprendido y de motivar a los estudiantes no solo hace que el contenido sea más accesible, sino que también les permite involucrarse más activamente en su propio proceso de aprendizaje participando, aportando y, sobre todo, aprendiendo de una manera efectiva, sin sentirse limitado por la lengua extranjera.

6. Gestión del aula en un contexto plurilingüe: consejos prácticos

La gestión del aula es la base de una enseñanza exitosa, especialmente en un contexto plurilingüe. Este entorno educativo conlleva desafíos específicos relacionados con la diversidad de competencias lingüísticas, las diferencias culturales y el equilibrio necesario entre la enseñanza del contenido y el desarrollo del idioma.

Figura 14. Desafíos comunes en la gestión del aula plurilingüe.

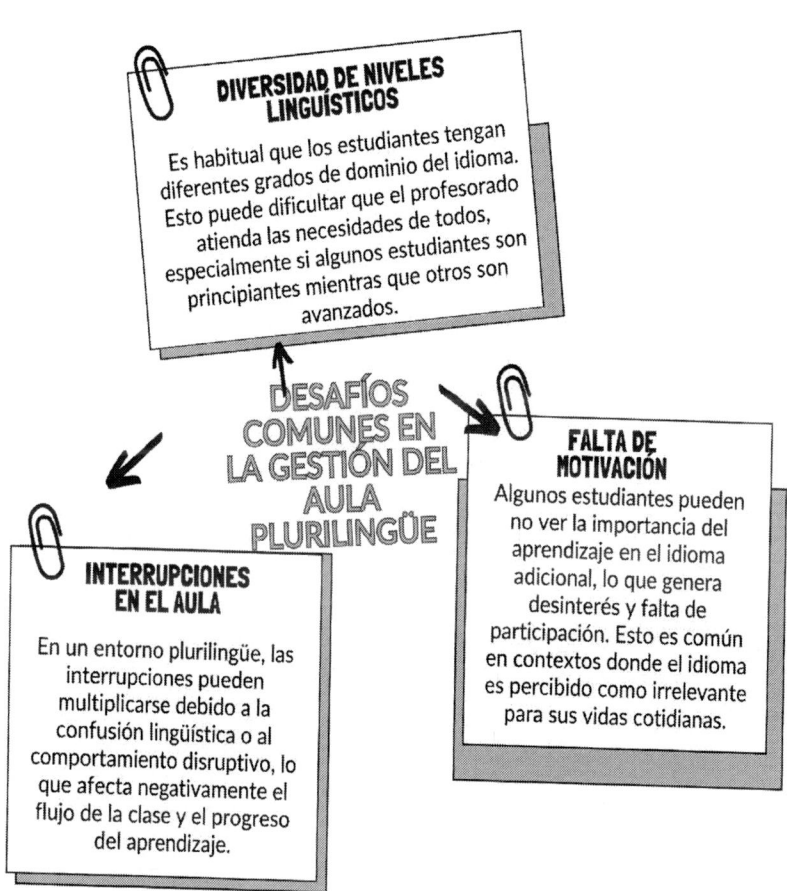

DIVERSIDAD DE NIVELES LINGÜÍSTICOS

Es habitual que los estudiantes tengan diferentes grados de dominio del idioma. Esto puede dificultar que el profesorado atienda las necesidades de todos, especialmente si algunos estudiantes son principiantes mientras que otros son avanzados.

DESAFÍOS COMUNES EN LA GESTIÓN DEL AULA PLURILINGÜE

FALTA DE MOTIVACIÓN

Algunos estudiantes pueden no ver la importancia del aprendizaje en el idioma adicional, lo que genera desinterés y falta de participación. Esto es común en contextos donde el idioma es percibido como irrelevante para sus vidas cotidianas.

INTERRUPCIONES EN EL AULA

En un entorno plurilingüe, las interrupciones pueden multiplicarse debido a la confusión lingüística o al comportamiento disruptivo, lo que afecta negativamente el flujo de la clase y el progreso del aprendizaje.

En las siguientes páginas, se abordarán diversas estrategias efectivas que pueden contribuir a superar dichos desafíos:

Figura 15. Estrategias clave para la gestión del aula en un contexto plurilingüe.

7 ESTRATEGIAS CLAVE PARA LA GESTIÓN DEL AULA EN UN CONTEXTO PLURILINGÜE

- Instrucciones claras
- Agrupamientos colaborativos
- Gestión del tiempo
- Refuerzo positivo
- Planificación efectiva
- Apoyo diferenciado
- Uso eficaz de la L1

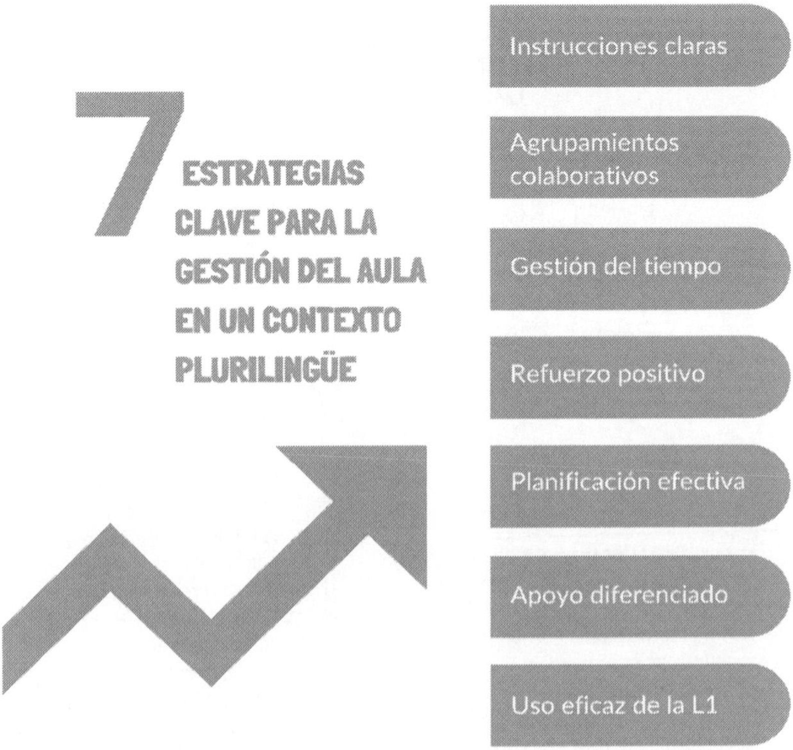

A continuación, se explorará cada una de estas estrategias más en detalle:

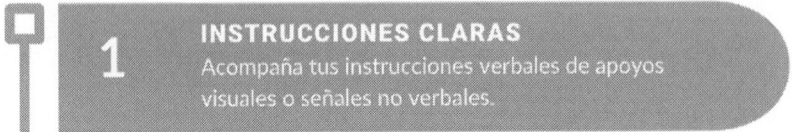

1 INSTRUCCIONES CLARAS
Acompaña tus instrucciones verbales de apoyos visuales o señales no verbales.

En una clase plurilingüe, la claridad en las instrucciones es crucial. Para asegurarse de que todos los estudiantes comprendan las tareas, el profesorado puede complementar las instrucciones verbales con apoyos visuales o señales no verbales (como levantar la mano, utilizar tarjetas de colores o hacer contacto visual) que permiten gestionar el comportamiento sin interrumpir el flujo del idioma. Esto es especialmente útil en aulas de primaria, donde los estudiantes aún están adquiriendo vocabulario en la lengua extranjera. Por ejemplo, en una clase de Ciencias, el profesorado puede levantar una tarjeta verde para indicar que los estudiantes pueden comenzar un experimento, reforzando así las instrucciones en inglés sin necesidad de traducción.

2   AGRUPAMIENTOS COLABORATIVOS
Fomenta la colaboración con roles específicos para que todos los estudiantes practiquen el idioma y aprendan.

El trabajo en grupo es una técnica clave en AICLE, pero para gestionarlo eficazmente en aulas plurilingües es importante asignar roles específicos a los estudiantes. Esto no solo fomenta la colaboración, sino que también asegura que todos practiquen el idioma. En una clase de *Social Science* de primaria, por ejemplo, los estudiantes pueden estar trabajando en grupos para investigar sobre la Edad Media. Un estudiante puede ser el *recorder* (encargado de tomar notas), otro el *speaker* (responsable de presentar las ideas del grupo), y otro el *researcher* (encargado de buscar información en libros o recursos en inglés). Este enfoque garantiza que los estudiantes practiquen diferentes habilidades lingüísticas mientras se enfocan en el contenido.

3   GESTIÓN DEL TIEMPO
Establece límites de tiempo claros y utiliza recordatorios visuales.

En un contexto AICLE, gestionar el tiempo de manera efectiva resulta primordial para que los estudiantes puedan avanzar en el contenido de la materia mientras practican la lengua extranjera de forma continua. Establecer límites de tiempo claros para cada actividad y utilizar recordatorios visuales, como relojes de arena o cronómetros proyectados en la pantalla, permite que los estudiantes visualicen el tiempo disponible sin interrumpir el ritmo de la sesión. Para ello, es fundamental que los docentes reflexionen sobre la gestión del tiempo en la planificación diaria de cada sesión. Mediante esta previsión y organización del tiempo de cada actividad en la programación, se garantiza un equilibrio entre el avance en los contenidos y el desarrollo lingüístico, asegurando que las actividades mantengan un ritmo adecuado y el alumnado aproveche al máximo el tiempo de aprendizaje en la lengua extranjera.

4 REFUERZO POSITIVO
Crea un ambiente positivo con elogios y oportunidades de respuesta para fomentar la participación.

Crear un entorno de aprendizaje positivo mediante el refuerzo positivo ayuda a que los estudiantes se sientan valorados y comprendidos, lo que incrementa su motivación y facilita una experiencia educativa enriquecedora. Uno de los fundamentos teóricos de esta estrategia proviene de la teoría del condicionamiento operante de B.F. Skinner, quien destacó que el comportamiento puede moldearse con las consecuencias que le siguen. Según Skinner, cuando los estudiantes reciben consecuencias positivas tras mostrar un comportamiento deseado, como el esfuerzo o la participación, es más probable que repitan dicho comportamiento. Este enfoque puede prevenir problemas de comportamiento en el aula, promoviendo en su lugar conductas apropiadas y productivas (Omomia y Omomia, 2014). Asimismo, aumenta la concentración y el enfoque en las tareas, como demostraron Caldarella et al. (2019), quienes observaron que el uso de refuerzos positivos en el aula incrementó la atención de los estudiantes en las actividades hasta en un 30%. En contextos AICLE, donde los estudiantes deben concentrarse tanto en el contenido académico como en el uso de una lengua extranjera, esta atención es esencial para asegurar que puedan entender y retener los conceptos clave. El refuerzo positivo también permite la creación de un ambiente de respeto mutuo en el aula. Estrategias como los elogios específicos y las oportunidades para responder han demostrado su eficacia para reducir la frecuencia de comportamientos disruptivos al fomentar una atmósfera de apoyo y colaboración. Este entorno promueve que los estudiantes se sientan cómodos al expresarse en una lengua extranjera, lo que a su vez incrementa su participación y autoconfianza. Además, el uso regular de refuerzos positivos, que reconocen el esfuerzo y los logros del estudiante, ayuda a construir una cultura de autoevaluación y autogestión. Estudios recientes señalan que cuando los docentes refuerzan positivamente las conductas deseadas, los estudiantes aprenden a autorregularse, a monitorear su progreso y a establecer metas de aprendizaje, desarrollando así habilidades esenciales para su éxito académico (Otero y Haut, 2016). Por último, el refuerzo positivo no solo beneficia a los estudiantes, sino también al bienestar de los docentes. Al centrarse en las conductas constructivas, los docentes experimentan una mayor satisfacción y disfrutan de un ambiente más armonioso en el aula. Esto es especialmente relevante en contextos plurilingües, donde las barreras lingüísticas pueden generar frustración tanto en los estudiantes como en los profesores, y donde un enfoque positivo contribuye a una experiencia de enseñanza más enriquecedora y efectiva.

5 PLANIFICACIÓN EFECTIVA
Una planificación detallada minimiza los problemas de comportamiento y crea un ambiente más positivo.

La relación entre una planificación bien ejecutada y una gestión del aula eficiente es directa; cuando las lecciones están cuidadosamente diseñadas y los estudiantes están activamente involucrados, surgen menos problemas de comportamiento. Tal y como señala Furkatovna (2020), *Fail to prepare, prepare to fail*, es decir, cuando no invertimos tiempo y esfuerzo en prepararnos adecuadamente, las probabilidades de que algo salga mal son muy altas. Este mantra, que a menudo se repite a los estudiantes, también se aplica a los docentes. Entrar en un aula sin un plan claro suele llevar a un ambiente caótico, donde los estudiantes pueden volverse indisciplinados, desinteresados y poco comprometidos con el aprendizaje. Una buena planificación minimiza las oportunidades de comportamiento disruptivo al establecer expectativas claras y un flujo adecuado de actividades, lo que no solo promueve un aprendizaje significativo, sino que también crea un ambiente de aula más positivo y productivo, donde los estudiantes se involucran activamente en su proceso de aprendizaje.

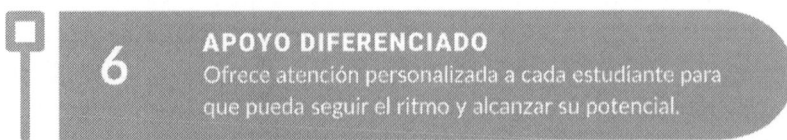

6 APOYO DIFERENCIADO
Ofrece atención personalizada a cada estudiante para que pueda seguir el ritmo y alcanzar su potencial.

A menudo, los comportamientos disruptivos surgen de estudiantes que no pueden seguir el ritmo de la clase por sí solos. Cuando se enfrentan a contenidos complejos en una lengua extranjera sin el apoyo adecuado, pueden frustrarse, lo que provoca falta de atención y conductas problemáticas. Al proporcionar la atención personalizada que cada alumno necesita, los docentes pueden ayudarles a comprender mejor el material y a desarrollar confianza en su aprendizaje.

7 USO EFICAZ DE LA L1
Emplea la lengua materna (L1) de manera estratégica y moderada para apoyar la comprensión.

A pesar de la creencia común de que se debe desalentar el uso de la lengua materna (L1) en el aprendizaje a través de una segunda lengua, la investigación ha demostrado que esta desempeña un papel importante tanto en el aprendizaje de idiomas como en contextos de enseñanza plurilingüe. Con frecuencia, el alumnado llega al aula con experiencias previas que incluyen su L1, lo que puede ser una herramienta valiosa para facilitar la comprensión de nuevos conceptos en una lengua extranjera (De Dios, 2020). Por ejemplo, en momentos de confusión o incomprensión, recurrir a la L1 puede ofrecer confianza y seguridad al alumnado. También es útil al explicar conceptos abstractos, donde las explicaciones en L1 pueden aclarar confusiones. Además, el apoyo entre compañeros/as en su lengua materna puede fomentar un ambiente colaborativo que propicie el aprendizaje. El translenguaje (*translanguaging*) es una opción valiosa para integrar el uso de la L1 y la lengua meta de manera estratégica. En este sentido, Pérez-Fernández (2024b) ofrece ideas prácticas para implementarlo en clase, asegurando que el uso de la L1 enriquezca el aprendizaje sin desplazar el foco en la lengua extranjera. No obstante, es importante que el uso de la L1 sea moderado y considerado, evitando que se convierta en la lengua predominante en el aula, lo cual podría resultar contraproducente para el aprendizaje.

La coordinación en un programa plurilingüe

La coordinación en un programa plurilingüe es un aspecto fundamental para garantizar la efectividad y el éxito de la enseñanza en dos o más idiomas. Este proceso implica una colaboración estrecha entre los distintos actores educativos involucrados, como coordinadores, docentes de contenido y lengua extranjera, y auxiliares de conversación. La figura del coordinador/a del programa bilingüe o plurilingüe desempeña un papel clave en la planificación, implementación y seguimiento de las actividades, asegurando que todos los elementos del programa funcionen de manera integrada. Además, la coordinación entre el profesorado de distintas áreas favorece un enfoque multidisciplinar que beneficia tanto el aprendizaje de los estudiantes como el desarrollo profesional de los docentes. La colaboración con los auxiliares de conversación, por otro lado, aporta una dimensión adicional a la enseñanza de la lengua extranjera, permitiendo una interacción más directa y significativa con el alumnado. A lo largo de este apartado se examinarán las distintas facetas de la coordinación en los programas plurilingües, ilustradas con ejemplos de buenas prácticas en centros educativos, que destacan por su enfoque colaborativo y la eficacia de sus estrategias de coordinación.

1. La figura del coordinador/a del programa plurilingüe

El coordinador/a de un programa plurilingüe desempeña un papel clave en la gestión y éxito de la enseñanza de dicho programa en los centros educativos. Esta figura, aunque a menudo desconocida, es esencial en cualquier centro que implemente programas plurilingües, especialmente aquellos basados en el enfoque AICLE. Preferentemente, el coordinador es un profesor especializado en la lengua extranjera del programa, generalmente inglés, aunque su rol no se limita al área de lenguas extranjeras, ya que también coordina la enseñanza de otras materias impartidas en dicho idioma.

Las funciones principales del coordinador/a incluyen la organización de reuniones con el profesorado que imparte clases en lengua extranjera, la supervisión del trabajo de los auxiliares de conversación y el asesoramiento sobre la adaptación de materiales y metodologías para el entorno plurilingüe. Además, colabora estrechamente con los docentes de contenido y lenguas para garantizar una alineación entre los objetivos lingüísticos y los académicos, favoreciendo la integración efectiva del contenido en la enseñanza de la lengua extranjera (Pavón, 2014; Julián de Vega, 2013).

Figura 16. Funciones del coordinador/a bilingüe.

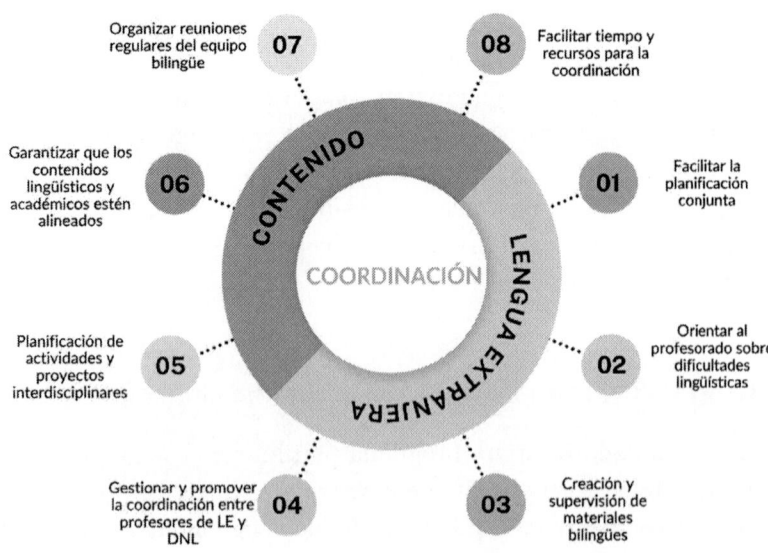

A continuación, abordaremos en más detalle estas funciones. En primer lugar, un aspecto central de su labor es la coordinación con el equipo docente, lo que resulta fundamental para garantizar una experiencia educativa homogénea y coherente para los estudiantes, alineando criterios de evaluación y metodologías entre los distintos profesores implicados (Julián de Vega, 2013). Cuando los centros deciden abordar proyectos a largo plazo, se hace indispensable elaborar un plan de acción que permita alcanzar las metas programadas. Según Julián de Vega (2007), es fundamental seguir las fases propuestas por Bonals (1996), las cuales se pueden resumir en:

- **Detección de la necesidad:** identificar las áreas que requieren atención y mejora.

- **Valoración de la necesidad:** evaluar la situación actual y el posicionamiento del grupo frente al proyecto, asegurando que sea una labor suficientemente precisa, consensuada, priorizada y gratificante.

- **Programación de la acción:** definir quiénes serán los miembros del grupo que intervendrán, el espacio físico, el tiempo, los objetivos a corto plazo, la metodología que se va a emplear y los métodos de evaluación.

- **Realización de la acción:** llevar a cabo el plan, observando, reflexionando y revisando la planificación según sea necesario.

Este enfoque sistemático no solo mejora la implementación del proyecto, sino que también potencia el desarrollo profesional de los docentes y la calidad de la educación que reciben los estudiantes.

El coordinador/a también tiene la responsabilidad de facilitar la integración y participación de los auxiliares de conversación, quienes aportan una dimensión cultural y práctica esencial para el aprendizaje del idioma. Estos auxiliares, de los que hablaremos en el siguiente apartado, apoyan al profesorado tanto en la enseñanza de la lengua como en la transmisión de aspectos culturales del país de origen del idioma. Para asegurar su eficacia, es fundamental que exista una comunicación fluida y planificación conjunta entre los docentes y los auxiliares (Pérez Márquez, 2008; Lova y Bolarín, 2015).

La coordinación en un programa plurilingüe es más compleja y multifacética de lo que podría parecer a simple vista. Además de las funciones organizativas ya mencionadas, el coordinador/a tiene un papel fundamental en la gestión estratégica y la sostenibilidad a largo plazo del programa. En muchas ocasiones, este docente se encarga de establecer puentes de comunicación entre el equipo directivo, el profesorado y las familias, garantizando que todas las partes involucradas comprendan el objetivo del programa y colaboren en su desarrollo.

Otro aspecto relevante es la necesidad de adaptar la enseñanza a las diferentes competencias lingüísticas de los estudiantes, lo cual es responsabilidad del coordinador en conjunto con los profesores de contenido y de lenguas. Esto implica que desde la coordinación no solo se facilita la planificación conjunta entre materias, sino que también se orienta al profesorado sobre cómo abordar las posibles dificultades lingüísticas de los alumnos, asegurando una coherencia metodológica que les permita conectar lo aprendido en las clases de inglés con las materias impartidas en dicho idioma (Julián de Vega, 2013; Pavón, 2014).

En este sentido, el rol del coordinador/a va más allá de lo puramente administrativo u organizativo, ya que también debe liderar procesos pedagógicos importantes, como la creación y supervisión de materiales bilingües y la implementación de técnicas de andamiaje, que facilitan tanto la comprensión del contenido como el aprendizaje del idioma. Este liderazgo pedagógico es crucial para asegurar que el enfoque AICLE se implemente de manera efectiva, fomentando un aprendizaje constructivista y centrado en el alumnado (Pavón, 2014; Ting, 2010).

Un desafío adicional que enfrenta el coordinador/a es la necesidad de gestionar y promover la colaboración entre docentes de distintas disciplinas, algo que puede resultar complejo debido a las diferencias en formación y enfoque pedagógico. Sin embargo, esta colaboración resulta esencial para lograr una enseñanza integrada y eficaz, especialmente en contextos donde el estudiantado puede tener dificultades para asimilar contenido académico en una lengua extranjera (Pavón, 2014; Coyle, 2007). En este sentido, la coordinación también abarca la planificación de actividades interdisciplinares y proyectos que favorezcan la integración de las competencias lingüísticas y de contenido.

Por último, el apoyo y la implicación del equipo directivo son esenciales para que el coordinador/a pueda llevar a cabo todas estas funciones de manera efectiva. Es importante que los centros educativos proporcionen al coordinador y al equipo bilingüe/plurilingüe el tiempo y los recursos necesarios para desarrollar el programa con éxito, garantizando reuniones regulares y suficientes recursos humanos para llevar a cabo el trabajo de manera eficiente.

2. La coordinación entre docentes de contenido y de lengua extranjera

El profesorado que participa en un programa plurilingüe tiene un rol determinante en el éxito del mismo (Castro, 2002) y la coordinación entre los distintos docentes es esencial para asegurar la coherencia y efectividad del proceso de enseñanza-aprendizaje. En este tipo de programas, los profesores/as no solo deben cumplir con sus responsabilidades tradicionales, sino que también necesitan colaborar estrechamente entre ellos para garantizar que los contenidos académicos y lingüísticos estén alineados. No se trata solo de que cada docente enseñe su asignatura, sino de crear un marco colaborativo donde las asignaturas de contenido (como Ciencias, Historia o Geografía) y las de lengua (tanto la lengua extranjera como la materna) se complementen mutuamente. De acuerdo con Pavón (2014), la coordinación adecuada entre los profesores de contenido y los de lengua extranjera es esencial para asegurar que los estudiantes desarrollen las competencias lingüísticas necesarias para comprender los contenidos académicos que se imparten en la lengua meta. Esta colaboración permite que los estudiantes enfrenten menos obstáculos a la hora de aprender contenidos complejos, ya que el idioma no se convierte en una barrera, sino en una herramienta para su aprendizaje.

Uno de los desafíos principales para los docentes es integrar las metodologías de enseñanza de los contenidos y de la lengua. Como señalan Lorenzo y Moore (2010), no es suficiente con enseñar la lengua extranjera como una herramienta de comunicación cotidiana (BICS, *Basic Interpersonal Communication Skills*); los estudiantes necesitan adquirir un nivel de competencia académica (CALP, *Cognitive Academic Language Proficiency*) que les permita manejar los textos y conceptos específicos de cada disciplina. La colaboración entre los docentes debe, por tanto, centrarse en desarrollar estrategias que faciliten este tipo de aprendizaje, lo cual implica trabajar conjuntamente en la planificación del currículo y en la selección de los materiales didácticos.

Además, es importante que los docentes de contenido y los de lengua compartan y coordinen los criterios de evaluación. La evaluación en programas plurilingües debe tener en cuenta tanto la adquisición de conocimientos como el uso correcto del lenguaje. Así pues, los profesores de contenido, aunque no sean especialistas en lengua, deben estar familiarizados con los objetivos lingüísticos del programa para poder evaluar no solo el dominio del contenido, sino también el progreso de los estudiantes en la lengua extranjera. En este sentido, Pavón (2014) sugiere que, en contextos donde los profesores de contenido tienen un buen dominio del idioma, ellos mismos podrían evaluar aspectos lingüísticos en sus clases; en otros casos, esto podría recaer más en los docentes de lengua extranjera.

Otro aspecto destacado en la coordinación es la relación con los profesores de lengua materna. Debemos ser conscientes de que no se puede esperar que los estudiantes desarrollen habilidades avanzadas en una lengua extranjera si no han alcanzado un nivel adecuado en su propia lengua. Por ello, la implicación de los profesores de lengua materna en la planificación del programa bilingüe es crucial, ya que muchas de las dificultades que los estudiantes encuentran en la lengua extranjera provienen de carencias en su lengua materna. La coordinación entre los docentes de las diferentes lenguas puede fomentar la transferencia de habilidades entre las lenguas, reforzando el aprendizaje global de los alumnos.

Finalmente, un aspecto que no debe subestimarse es la importancia del apoyo institucional para facilitar esta coordinación. La colaboración entre profesores requiere tiempo y recursos y, aunque las reuniones de coordinación suelen estar previstas dentro del horario lectivo, muchas veces los docentes deben invertir tiempo adicional para asegurar que el programa funcione de manera fluida. En este sentido, es fundamental que las administraciones educativas y los equipos directivos reconozcan y apoyen esta labor, proporcionando los recursos necesarios para garantizar una coordinación efectiva.

3. Colaboración con los auxiliares de conversación

La figura del auxiliar de conversación es un factor clave en el éxito de los programas plurilingües, dado que su rol complementa y refuerza el trabajo del profesorado contribuyendo significativamente al desarrollo de la competencia lingüística del alumnado y al enriquecimiento cultural del aula.

Un auxiliar de conversación es un hablante nativo del idioma extranjero que actúa como embajador cultural y lingüístico en las aulas. Su labor no se limita a ser un apoyo para la enseñanza de la lengua, sino que también enriquece la experiencia de aprendizaje a través de actividades prácticas y culturales, acercando a los estudiantes a la vida cotidiana y los valores del país de origen del idioma meta.

Cada comunidad autónoma regula la incorporación y funciones de los auxiliares de conversación en sus centros educativos bilingües o plurilingües, adaptando los programas a sus particularidades y necesidades. No obstante, el Ministerio de Educación elabora cada año una guía para los auxiliares de conversación extranjeros en España en la que se explican de manera detallada su perfil y funciones. Así pues, los auxiliares de conversación ejercen sus tareas bajo la supervisión del profesorado titular y tienen asignadas las siguientes funciones clave, que pueden variar ligeramente según la normativa de cada comunidad, tal y como se muestra en la Figura 16.

Asimismo, se indica que, con carácter voluntario, puede participar en la realización de actividades extraescolares de diferente índole: culturales, deportivas, viajes de estudios, intercambios escolares, etc.

Figura 17. Funciones clave del auxiliar de conversación (Ministerio de Educación, Formación Profesional y Deportes, 2024).

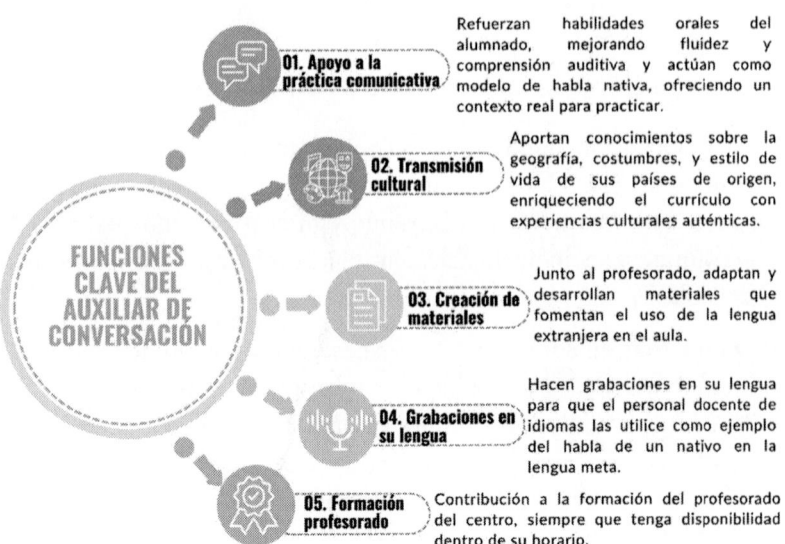

FUNCIONES CLAVE DEL AUXILIAR DE CONVERSACIÓN

01. Apoyo a la práctica comunicativa Refuerzan habilidades orales del alumnado, mejorando fluidez y comprensión auditiva y actúan como modelo de habla nativa, ofreciendo un contexto real para practicar.

02. Transmisión cultural Aportan conocimientos sobre la geografía, costumbres, y estilo de vida de sus países de origen, enriqueciendo el currículo con experiencias culturales auténticas.

03. Creación de materiales Junto al profesorado, adaptan y desarrollan materiales que fomentan el uso de la lengua extranjera en el aula.

04. Grabaciones en su lengua Hacen grabaciones en su lengua para que el personal docente de idiomas las utilice como ejemplo del habla de un nativo en la lengua meta.

05. Formación profesorado Contribución a la formación del profesorado del centro, siempre que tenga disponibilidad dentro de su horario.

Dicha guía establece también de manera clara aquellas funciones que no son competencia del auxiliar. De manera concreta se destacan las siguientes:

Figura 18. Funciones clave del auxiliar de conversación (Ministerio de Educación, Formación Profesional y Deportes, 2024).

✕ NO ES FUNCIÓN DEL AUXILIAR

Docencia directa a grupos de alumnos sin la supervisión del profesor titular.

Redacción de la programación didáctica.

Preparación o corrección de exámenes, pruebas, controles, redacciones o ejercicios similares.

Calificación de los estudiantes.

Entrevistarse con las familias del alumnado u otras actividades y funciones específicas del profesorado.

Vigilancia del patio o comedor

Además, se puntualiza que, en ningún caso, el auxiliar de conversación es responsable de la seguridad del alumnado. Si se organizan desdobles o sesiones en grupos reducidos, estas deben llevarse a cabo en la misma aula o en un aula comunicada con la principal donde se encuentre el profesor titular. De igual manera, el auxiliar no debe enfrentarse en solitario a los problemas de comportamiento y disciplina del alumnado; siempre debe dirigirse al profesor para solventar dichas situaciones. Asimismo, se considera fundamental que el auxiliar mantenga una relación profesional con los estudiantes, evitando involucrarse socialmente con ellos. Esto incluye el uso de redes sociales, a menos que cuente con el consentimiento explícito del centro educativo. En ningún caso, el auxiliar debería intercambiar datos personales con el alumnado, especialmente si son menores de edad, ni invitarlos a ser amigos en redes sociales, ni aceptar invitaciones similares. Estas restricciones son esenciales para preservar la profesionalidad del auxiliar y garantizar un entorno educativo seguro y respetuoso (Ministerio de Educación, Formación Profesional y Deportes, 2024).

La coordinación entre el profesorado y los auxiliares de conversación es fundamental para garantizar que su intervención sea eficiente y relevante. Lova y Bolarín (2015) destacan que una buena planificación y comunicación permiten integrar al auxiliar en las clases de manera óptima, diseñando actividades que fomenten la interacción oral y el conocimiento cultural. Esta colaboración no solo mejora la experiencia de los estudiantes, sino que también asegura que el ambiente de aprendizaje sea coherente y alineado con los objetivos del programa bilingüe. Esto puede venir recogido en la legislación de cada comunidad, por ejemplo, en Cantabria, la Orden ECD/123/2013 de 18 de noviembre detalla que los auxiliares también deben participar en una hora semanal de coordinación con el profesorado del programa plurilingüe para planificar y ajustar las actividades, lo cual asegura una integración efectiva en el aula y una colaboración adecuada (Orden ECD/123/2013).

Asimismo, en cada comunidad autónoma, los centros educativos suelen asignar a un profesor tutor que se encarga de coordinar y supervisar al auxiliar de conversación. Este tutor, normalmente un docente de la lengua extranjera, facilita la integración del auxiliar en el centro y se asegura de que sus funciones se desarrollen de acuerdo con la planificación didáctica.

Observación de clases

Al inicio del curso, es conveniente que el auxiliar de conversación asista como observador a las clases de la lengua correspondiente. Esta fase de observación es esencial para que el auxiliar pueda familiarizarse con los siguientes aspectos clave del entorno educativo:

Los conocimientos lingüísticos reales de cada clase: permite al auxiliar comprender el nivel de competencia lingüística de los estudiantes, facilitando la adaptación de su apoyo de manera adecuada y personalizada.

Las expectativas del profesorado en lo referente a los objetivos que su alumnado debe alcanzar: ayuda a alinear las actividades del auxiliar con las metas educativas establecidas por los docentes titulares.

La metodología docente: conocer las técnicas y enfoques pedagógicos utilizados en el aula permite al auxiliar complementar y enriquecer las estrategias de enseñanza empleadas por el profesorado.

Los sistemas de corrección de errores: entender cómo se manejan las correcciones en el aula facilita que el auxiliar apoye de manera consistente el proceso de aprendizaje de los estudiantes.

La atención a la diversidad: identificar las necesidades individuales del alumnado permite al auxiliar ofrecer un apoyo inclusivo y adaptado a cada estudiante, promoviendo un entorno de aprendizaje equitativo.

El control de la disciplina: observar las estrategias de manejo del comportamiento contribuye a que el auxiliar pueda apoyar el mantenimiento de un ambiente de aprendizaje ordenado y respetuoso.

2 Establecimiento del plan de actuación

Una vez completada la fase de observación, es importante coordinarse con el tutor/a y establecer un plan de actuación detallado que incluya los siguientes elementos:

Familiarización con el uso de materiales auténticos: es fundamental que el auxiliar conozca y sepa utilizar los recursos y materiales reales empleados en las clases, lo que permitirá una integración más efectiva en las actividades docentes.

Organización del trabajo en grupo: planificar cómo se organizarán las actividades grupales, permitiendo que el auxiliar brinde apoyo lingüístico según las necesidades de los estudiantes.

Planificación de actividades: diseñar conjuntamente con el profesorado titular un calendario de actividades y estrategias de intervención que se implementarán a lo largo del curso, asegurando una distribución equilibrada y efectiva de las tareas.

Trabajo con el *input* y apoyo al *output*: instruir al auxiliar sobre cómo trabajar las destrezas receptivas (*input*) y cómo apoyar la producción de lenguaje (*output*) de los estudiantes, promoviendo así un aprendizaje dinámico y participativo.

Conocimiento de los contenidos de la materia: especialmente en el caso de AICLE, es frecuente que el auxiliar desconozca los contenidos de la materia, sobre todo al principio. Por ello, es fundamental planificar cuidadosamente su participación desde el inicio para asegurar una colaboración efectiva.

Intervención de los auxiliares en las clases bilingües

La intervención de los auxiliares de conversación es más efectiva cuando se enfocan en actividades que complementan y refuerzan el proceso de enseñanza-aprendizaje en las clases de contenido. Puesto que las necesidades lingüísticas del profesorado de disciplinas no lingüísticas (DNL) suele ser mayor que la del profesor de lengua extranjera, es recomendable que el auxiliar de conversación acompañe en las clases de contenido bilingüe. A continuación, se detallan las áreas y momentos clave para su intervención:

Figura 19. Momentos clave para la intervención del auxiliar en educación plurilingüe.

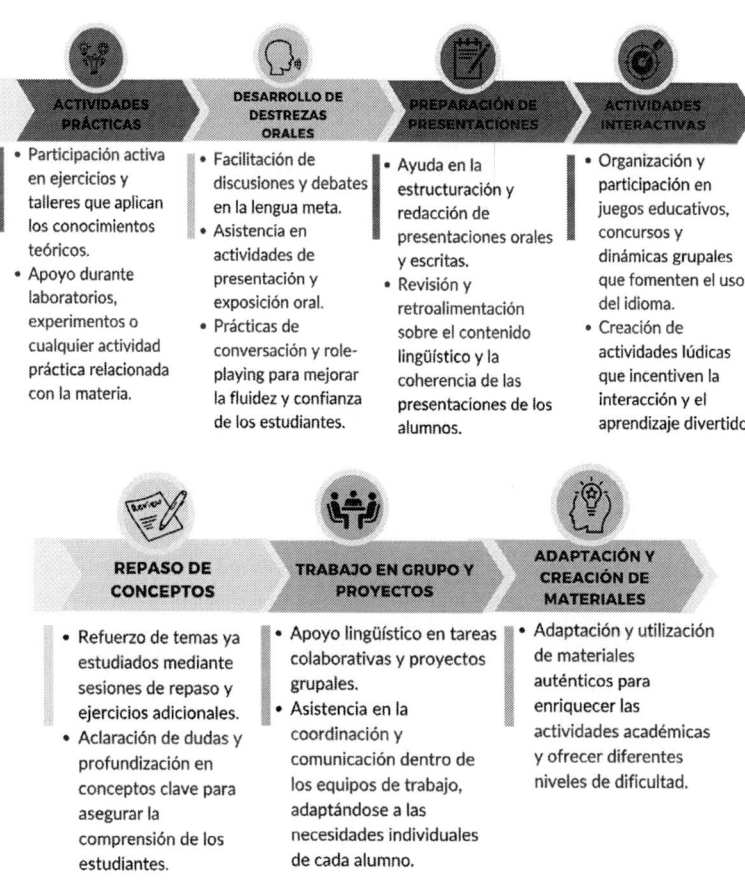

ACTIVIDADES PRÁCTICAS
- Participación activa en ejercicios y talleres que aplican los conocimientos teóricos.
- Apoyo durante laboratorios, experimentos o cualquier actividad práctica relacionada con la materia.

DESARROLLO DE DESTREZAS ORALES
- Facilitación de discusiones y debates en la lengua meta.
- Asistencia en actividades de presentación y exposición oral.
- Prácticas de conversación y role-playing para mejorar la fluidez y confianza de los estudiantes.

PREPARACIÓN DE PRESENTACIONES
- Ayuda en la estructuración y redacción de presentaciones orales y escritas.
- Revisión y retroalimentación sobre el contenido lingüístico y la coherencia de las presentaciones de los alumnos.

ACTIVIDADES INTERACTIVAS
- Organización y participación en juegos educativos, concursos y dinámicas grupales que fomenten el uso del idioma.
- Creación de actividades lúdicas que incentiven la interacción y el aprendizaje divertido.

REPASO DE CONCEPTOS
- Refuerzo de temas ya estudiados mediante sesiones de repaso y ejercicios adicionales.
- Aclaración de dudas y profundización en conceptos clave para asegurar la comprensión de los estudiantes.

TRABAJO EN GRUPO Y PROYECTOS
- Apoyo lingüístico en tareas colaborativas y proyectos grupales.
- Asistencia en la coordinación y comunicación dentro de los equipos de trabajo, adaptándose a las necesidades individuales de cada alumno.

ADAPTACIÓN Y CREACIÓN DE MATERIALES
- Adaptación y utilización de materiales auténticos para enriquecer las actividades académicas y ofrecer diferentes niveles de dificultad.

Modelos de enseñanza compartida (*co-teaching*) entre profesorado y auxiliares de conversación

Una coordinación efectiva con los auxiliares de conversación tiene múltiples beneficios, tanto para los estudiantes como para el profesorado. Los alumnos no solo mejoran sus habilidades orales y su comprensión de la lengua extranjera, sino que también se benefician de un aprendizaje más dinámico y motivador gracias al aporte cultural de los auxiliares (Caparrós, 2010). Además, la presencia de auxiliares de conversación es una "garantía suplementaria" (Eurydice, 2006) para asegurar que el entorno educativo bilingüe sea apropiado para el aprendizaje del idioma. A través de una buena planificación y comunicación, los auxiliares pueden complementar el trabajo del profesorado, proporcionando un apoyo lingüístico y cultural clave que beneficia el proceso de enseñanza-aprendizaje en programas plurilingües.

En este contexto, el modelo de enseñanza compartida, conocido como *co-teaching* (Cook & Friend, 1995), cobra especial relevancia. Este enfoque se define como la colaboración entre dos profesionales de la educación que enseñan a un grupo de estudiantes en un espacio compartido. Este enfoque fomenta la inclusión, la diversificación de métodos pedagógicos y la mejora del aprendizaje de los estudiantes. Cuando se aplica a un aula con un profesor principal y un auxiliar de conversación, el *co-teaching* ofrece oportunidades únicas para integrar habilidades lingüísticas y culturales en la enseñanza general.

A continuación, se presentan los principales modelos de *co-teaching*, adaptados al contexto plurilingüe.

Figura 20. Modelos de codocencia con el auxiliar de conversación para AICLE.

MODELOS DE CODOCENCIA PARA AICLE

Enseñanza liderada y asistida

Este modelo es ideal al inicio de la colaboración docente-auxiliar, permitiendo al profesor liderar mientras el auxiliar observa y se familiariza con la dinámica. Luego, al ganar confianza, el auxiliar puede liderar actividades mientras el profesor observa y evalúa estrategias de enseñanza.

Estaciones de aprendizaje

Se organiza al alumnado en rotaciones entre actividades específicas. Ej.: el auxiliar lidera *Speaking*, fomentando fluidez y pronunciación; el docente refuerza conceptos clave con grupos reducidos; y los estudiantes trabajan de forma autónoma en *Writing* o *Listening*. Así, se combina atención personalizada con aprendizaje autónomo, optimizando recursos y tiempo en el aula.

Enseñanza paralela

La clase se divide en dos grupos heterogéneos, cada educador enseña el mismo contenido simultáneamente. Favorece la atención personalizada, participación activa y es ideal para actividades prácticas, orales o de alta interacción.

Enseñanza alternativa

La clase se divide en un grupo grande y otro pequeño. El docente lidera al grupo principal, mientras el auxiliar refuerza conceptos y atiende necesidades específicas en el grupo reducido, ideal para estudiantes con dificultades o de nivel avanzado.

Enseñanza en equipo

Requiere máxima coordinación y planificación conjunta. Ambos docentes trabajan simultáneamente, alternan roles, complementan explicaciones o guían actividades interactivas, integrando dinámicamente perspectivas y estilos pedagógicos.

4. Ejemplos de buenas prácticas de coordinación

En este apartado, se explorarán diversos casos que ilustran cómo la cooperación entre los distintos actores educativos puede llevar a una implementación más fluida y exitosa de los programas plurilingües. Estas experiencias sirven de referencia para optimizar la enseñanza en dichos contextos, mostrando cómo una coordinación adecuada no solo mejora la coherencia pedagógica, sino que también facilita el aprendizaje y refuerza las competencias lingüísticas del alumnado. Además, estas prácticas reflejan la importancia de establecer criterios comunes de evaluación, diseñar actividades interdisciplinares y compartir estrategias metodológicas que fomenten un entorno de aprendizaje integral.

4.1. El programa bilingüe en el IES La Albericia (Santander)

La coordinación del programa bilingüe en el IES La Albericia es uno de los pilares fundamentales que asegura su buen funcionamiento. Se sigue una estructura clara y organizada que incluye reuniones semanales entre todos los profesores implicados. Estas reuniones tienen un enfoque tripartito, con tres ejes característicos:

Figura 21. Enfoque de las reuniones de coordinación en el IES La Albericia.

1 APRENDIZAJE BASADO EN PROYECTOS

El equipo docente coordina proyectos interdisciplinares que integran asignaturas de contenido no lingüístico (DNL) y lengua. Todo el profesorado colabora en la planificación y ejecución de estos proyectos durante el curso.

2 MICROFORMACIONES

Se prioriza la formación continua del profesorado, brindándoles herramientas útiles y fomentando el intercambio de recursos y aprendizajes en equipo. Además, estas reuniones son un espacio para practicar inglés y reforzar su competencia lingüística.

3 SEGUIMIENTO DEL ALUMNADO

Se evalúa continuamente el progreso de los estudiantes para identificar quienes necesitan apoyo adicional y adaptar proyectos y actividades a sus necesidades. Además, se monitorea el uso del inglés en clase, fomentando un alto empleo de la lengua extranjera por parte de alumnado y profesorado.

Es importante destacar que, durante estas reuniones, el equipo docente SIEMPRE utiliza el inglés como lengua vehicular, incluso cuando se dividen en grupos más pequeños por niveles. Esta práctica refuerza la competencia lingüística de los profesores, especialmente aquellos que imparten asignaturas de contenido no lingüístico (DNL), al proporcionarles la oportunidad de mejorar su fluidez y confianza en el idioma. Además, crea un entorno de inmersión que beneficia a todos los participantes, ya que, al estar expuestos al inglés en contextos variados, adquieren un vocabulario más amplio y se familiarizan con expresiones y estructuras útiles. De igual modo, el uso continuo del inglés también promueve la uniformidad en el programa bilingüe, garantizando que todos los docentes, independientemente de la asignatura que enseñen, se sientan parte integral de este.

Ejemplo de proyecto: OLIMPIADA BILINGÜE

Uno de los ejemplos más destacados de proyectos que se realizan en el IES La Albericia es la Olimpiada Bilingüe, un evento anual interdisciplinar diseñado para fomentar tanto las competencias académicas como las habilidades interpersonales de los estudiantes. Este proyecto involucra a los estudiantes de todos los niveles del programa bilingüe, especialmente al alumnado de 4º de la ESO, quienes asumen roles de liderazgo y organización, mientras que los alumnos de los cursos inferiores participan activamente en las actividades.

La organización de la Olimpiada Bilingüe se realiza a través de diferentes departamentos que gestionan aspectos clave del evento:

6. **Líderes generales:** se encargan de comunicarse directamente con los departamentos, recibir y revisar la información para asegurar su coherencia, y garantizar que todas las decisiones se tomen en su mesa para registrar los datos y mediar. Además, aprueban la variedad y sostenibilidad de los juegos, coordinan

reuniones diarias y mantienen comunicación constante con el profesorado.

7. **Departamento de recursos humanos:** se encargan de distribuir a los estudiantes en equipos (el equipo docente forma parte de este departamento en ciertas actividades). Se encarga de recoger información sobre qué le gustaría hacer a cada estudiante el día de las Olimpiadas y asignan funciones a cada uno.

8. **Departamento de comunicación y finanzas:** gestionan las comunicaciones con el profesorado y el alumnado, organizan el presupuesto para el evento y crean un inventario de los materiales necesarios. También colaboran con la secretaría del centro para controlar los gastos y coordinar las compras.

9. **Departamento de juegos:** en colaboración con el equipo docente de Educación Física, este equipo selecciona y diseña los juegos que se realizarán durante el evento. Deben asegurarse de que las actividades cubran diferentes tipos de habilidades, como resistencia física, trabajo en equipo y capacidades mentales. También preparan planes de contingencia en caso de mal tiempo.

10. **Departamento de IT y audiovisual:** graban y editan vídeos instructivos para que los estudiantes sepan cómo se llevarán a cabo las actividades. Además, diseñan el marcador y se aseguran de que el material utilizado sea reciclado.

11. **Departamento de creatividad:** este equipo tiene la tarea de diseñar las identificaciones de los equipos, elegir una temática general para los nombres de los equipos (como signos del zodiaco, países, etc.) y crear tarjetas para el *English Patrol*, que es el equipo encargado de asegurar que los estudiantes hablen solo en inglés durante las actividades.

Estructura del evento

El día de las Olimpiadas se organiza en torno a varias estaciones de juego, donde los estudiantes participan en retos individuales o duelos entre equipos. Los retos incluyen pruebas físicas y mentales, mientras que los duelos enfrentan a dos o más equipos en competencias directas. Cada estación otorga puntos llamados *Lemons* a los equipos que logran completar las actividades, y existen premios adicionales si un equipo logra visitar todas las estaciones. Los juegos son variados para incluir diferentes habilidades, asegurando que todos los estudiantes puedan participar según sus capacidades.

Los estudiantes de 4º de la ESO asumen roles clave durante el día del evento. Algunos se encargan de liderar los juegos, otros asumen la logística, transportando y organizando los materiales, y un grupo especial, llamado *English Patrol*, vigila que los participantes utilicen solo el inglés durante las actividades. Si los estudiantes no hablan inglés, reciben sanciones que afectan los puntos de su equipo.

Impacto del proyecto

Este evento no solo fomenta el uso del inglés en situaciones informales y divertidas, sino que también fortalece habilidades esenciales como el liderazgo, la cooperación y la creatividad. Los estudiantes de 4º de la ESO desarrollan habilidades organizativas al asumir roles de liderazgo y todos los participantes experimentan el aprendizaje a través de la práctica y el juego, integrando los conocimientos adquiridos en las aulas con el trabajo en equipo y la competencia sana.

Además, las Olimpiadas bilingües tienen un enfoque en la sostenibilidad. Los materiales utilizados para los juegos y las actividades suelen ser reciclados siempre que es posible, fomentando la conciencia ambiental entre los estudiantes. Esta combinación de deporte, creatividad, lengua y responsabilidad social hace que se trate de un evento esperado y valorado tanto por los estudiantes como por los profesores.

WORKSHOPS

Los workshops en el IES Albericia son talleres culturales ofrecidos por cada profesor durante el todo el curso, aunque van cambiando cada trimestre. La idea de estos talleres es que las dos horas lectivas adicionales que deben cursar los alumnos de programas bilingües de secundaria sean más motivadoras y comunicativas, por lo que los talleres se basan en aprendizaje basado en proyectos (ABP). En el segundo trimestre (y a veces también en el primero), cada docente elige un tema que le apasione, combinando aspectos culturales y prácticos, donde los estudiantes pueden participar en actividades creativas y manuales. Los talleres pueden abarcar una amplia variedad de temas, desde la cocina bilingüe estilo MasterChef hasta volar drones o programar coches eléctricos, dependiendo de los intereses de cada docente. A los talleres se apuntan los alumnos que lo deseen, independientemente del curso y de si están cursando o no la asignatura de ese profesor. Por ejemplo, en la clase de Física y Química, realizaron "Pirámides de la Ciencia" en las que la profesora facilitaba unos temas y líneas de investigación y una serie de personajes relacionados con esos temas, como, por ejemplo, Marie Curie y la radioactividad y los alumnos/as tenían que investigar sobre el papel de esos personajes en la ciencia. La profesora les iba guiando en sus investigaciones e iban colocando los descubrimientos científicos en la pirámide de cada tema. Por ejemplo, en la base de la pirámide estaba el descubrimiento del átomo y llegaron hasta la cúspide que fue la fusión nuclear. Otros alumnos eligieron el tema del espacio y comenzaron con los primeros conceptos del heliocentrismo (en la base de la pirámide) y terminaron hablando de la teoría de cuerdas (en la cúspide). Al final de cada trimestre hay una asamblea en la que los alumnos presentan sus proyectos al resto de compañeros y, en el caso de la asamblea del tercer trimestre, también a los padres.

Los talleres del tercer trimestre (y a veces también los del primero), se centran en la preparación y montaje de un musical o una obra de teatro en inglés al final de curso; un proyecto colaborativo en el que participan todos los estudiantes. Para este evento se invita a las familias y es coordinado en conjunto por los docentes en las reuniones para asegurar que todo esté bien organizado. Desde cada área trabajan en distintos aspectos de la obra, como por ejemplo el decorado y el atrezzo en el área de Tecnología, o la preparación del texto en el área de Inglés, mientras que otras áreas se encargan de los ensayos.

4.2. El programa plurilingüe en el IES Marqués de Santillana (Torrelavega)

El IES Marqués de Santillana (Cantabria) cuenta con un sistema de coordinación semanal muy asentado en el que participa todo el profesorado perteneciente al programa plurilingüe (inglés-francés) del centro, encabezado por su coordinador.

El modelo de coordinación establece un sistema de reuniones rotatorio para la sesión de coordinación semanal de 50 minutos:

- **Semana 1:** Reunión de profesorado LE y DNL de los cursos 1º y 2º ESO con el coordinador del programa bilingüe. El resto de profesores DNL de 3º y 4º ESO se reúnen con los profesores/as que imparten LE a sus alumnos para coordinar actividades y proyectos que estén llevando a cabo en ese momento o que vayan a desarrollar en futuras sesiones.

- **Semana 2:** Reunión de profesorado LE y DNL de los cursos 3º y 4º ESO con el coordinador del programa plurilingüe. Los profesores DNL de 1º y 2º se reúnen con el profesor/a de LE de su grupo para coordinar actividades en el aula.

- **Semana 3:** Formación metodológica para todos los profesores implicados en el programa bilingüe sobre recursos, AICLE, etc.

Las reuniones de coordinación entre profesores DNL y el profesor/a que imparte la LE a su grupo se utilizan para diseñar actividades conjuntas, criterios de corrección o proyectos. Por ejemplo, la profesora de *Physics and*

Chemistry en 3º ESO va a diseñar un proyecto que consiste en realizar una práctica de laboratorio para testar las velocidades de reacción de distintos elementos. Los alumnos/as deben grabarse haciendo la práctica para después, editar el vídeo en inglés explicando el experimento y los resultados. Este vídeo se evaluará desde el área de Física y Química en cuanto a contenido y uso de lenguaje específico, y desde el área de Inglés en cuanto a expresión oral, gramática, etc. Por tanto, durante la sesión de coordinación, ambas profesoras establecen conjuntamente los criterios de evaluación y, si fuese necesario, la profesora de LE asiste a la profesora DNL para identificar el lenguaje académico necesario.

En las reuniones de las semanas 1 y 2 que tiene el coordinador del programa plurilingüe con los profesores de un ciclo se tratan aspectos más concretos sobre evaluaciones, casos individuales de alumnos o intercambio de experiencias, entre otros. Además de este sistema de coordinación semanal, el centro cuenta con un proyecto de teatro en inglés en el que participan los alumnos del programa de primer curso. Como resultado de este proyecto, a final de curso, los alumnos de 1º ESO representan una obra de teatro de Shakespeare en su lengua original. Pero el momento culminante de este proyecto tiene lugar con la representación en Londres de esta obra por parte de los alumnos. A este viaje también se pueden unir los alumnos de 1º ESO que no están en el programa plurilingüe. En el curso académico 2024-2025, además, los dos profesores de inglés que se han embarcado en el proyecto teatral cuentan con la colaboración de una actriz que instruye a los alumnos en las habilidades dramáticas, de modo que el profesor de inglés se centra exclusivamente en pronunciación y entonación. La representación de Londres está precedida normalmente de una visita guiada al teatro Shakespeare's Globe y un taller allí mismo con un actor/educador del Globe, que se centra en la obra que representan y los anima a soltarse más aún de cara a la representación que hacen ese mismo día.

Otro de los proyectos de coordinación que se llevan a cabo en el IES Marqués de Santillana es el de colaboración entre el profesor de LE y el de DNL. A continuación, se muestra el ejemplo de planificación de un proyecto de coloides en las clases de Química e Inglés (1º ESO):

Cronograma:

SEMANA 1

OBJETIVO

Introducción a los coloides y preparación para el experimento.

INGLÉS (1 h.)

Presentación del proyecto, definición de coloides, breve comparación con soluciones y suspensiones, presentación del vocabulario y expresiones fundamentales. Formación de grupos, asignación de tareas (traer diferentes sistemas materiales—tres que sean coloides y tres que no lo sean, grabar el experimento con la cámara, editar el vídeo y otros apoyos visuales sin texto) y asignación de roles dentro de cada grupo.

QUÍMICA (1 h.)

Explicación detallada de los coloides con ejemplos prácticos. Revisión de materiales y preparación para el experimento.

INGLÉS (1 h.)

Comparación de coloides y soluciones. Lectura en grupo. Extracción de información esencial y elaboración de un organizador visual. Producción de un texto expositivo con expresiones de comparación y contraste entre coloides y soluciones.

SEMANA 2

OBJETIVO

Realización del experimento y recopilación de datos.
Análisis de los resultados del experimento y práctica de la expresión oral en inglés.

QUÍMICA (1 h.)

Realización del experimento sobre los coloides. Todos los miembros del grupo deben traer los sistemas materiales para el experimento. Los estudiantes deben tomar notas y capturar fotos o videos para el informe.

INGLÉS (1 h.)

Redacción del informe del experimento, centrado en vocabulario y estructuras para describir procedimientos y resultados.

INGLÉS (1 h.)

Práctica de comparación y contraste con soluciones y suspensiones, usando el experimento como base.

OBJETIVO

Preparación para la presentación oral.

INGLÉS (1 h.)

Estructura de la presentación oral. Práctica de introducciones y uso de conectores para comparar y contrastar.

QUÍMICA (1 h.)

Revisión de conceptos. Preparación de un guion para la presentación oral y posibles preguntas críticas y creativas sobre coloides.

INGLÉS (1 h.)

Ensayos (I) de la presentación en parejas o grupos pequeños. *Feedback* sobre pronunciación, estructura y claridad de ideas.

SEMANA 4

OBJETIVO

Resolver preguntas críticas y creativas.

INGLÉS (1 h.)

Sesión de lluvia de ideas para posibles respuestas a las preguntas finales que requieren pensamiento crítico y creativo.

INGLÉS (1 h.)

Ensayos (II) de la presentación en parejas o grupos pequeños. *Feedback* sobre pronunciación, estructura y claridad de ideas.

SEMANA 5

OBJETIVO

Revisión final y ajustes.

INGLÉS (1 h.)

Ajustes y práctica de la presentación completa, incluyendo la pregunta crítica o creativa.

OBJETIVO	Presentaciones finales.

INGLÉS (2 h.)
Presentaciones orales finales. Evaluación y *feedback*.

El producto final evaluable del proyecto es una presentación oral ante la clase para demostrar lo que han aprendido sobre los coloides. La presentación deberá incluir:

1. Definición y explicación de qué es un coloide, comparándolo y contrastándolo con una solución y una suspensión.

2. Demostración de ejemplos de coloides en la vida cotidiana.

3. Explicación del experimento acompañado de un vídeo grabado durante el experimento.

4. Explicación de la relación entre los coloides y los ODS 6 y 11.

5. Respuesta a una pregunta seleccionada de una lista de cinco o seis.

Este ejemplo muestra cómo los profesores de lengua extranjera pueden servir de apoyo para identificar, adaptar y evaluar el lenguaje específico de la asignatura.

4.3. El programa bilingüe en el CEIP El Sardinero

El programa bilingüe en infantil y primaria del CEIP El Sardinero se organiza con una estructura que busca integrar el aprendizaje del inglés en diversas áreas y mediante actividades prácticas y dinámicas.

En infantil, la normativa establece dos horas semanales de exposición al inglés. Estas se dividen en sesiones de media hora. Una de estas sesiones está a cargo de la profesora de inglés, quien utiliza el programa *Jolly Phonics* con materiales específicos diseñados para esta etapa. La otra media hora la dirige el auxiliar de conversación, quien refuerza el uso del idioma en las rutinas diarias y cuentos breves, proporcionando a los alumnos una exposición práctica y significativa al inglés. Adicionalmente, Música también se imparte en inglés, lo que contribuye a la familiarización temprana con el idioma de una forma amena y lúdica. Este planteamiento considera las limitaciones propias de la edad de los niños/as, asegurando que las actividades sean breves y variadas para mantener su atención.

En primaria, el enfoque bilingüe se centra principalmente en dos áreas: *Arts* y *STEAM*. *Arts* se imparte íntegramente en inglés en todos los cursos de primaria, mientras que *STEAM* se trabaja mediante talleres semanales orientados a fomentar la conversación y la interacción en el idioma. Estas actividades están diseñadas para ser dinámicas y prácticas, vinculándose siempre que es posible con los contenidos que el alumnado trabaja en otras asignaturas, como Conocimiento del Medio. El auxiliar de conversación desempeña un papel fundamental también en esta etapa, especialmente en las sesiones de *STEAM*, donde colabora con los tutores bilingües para apoyar al estudiantado en la mejora de sus competencias orales. Este apoyo es estratégico, ya que fomenta la confianza de los alumnos/as al hablar en inglés y complementa la labor de los tutores.

La coordinación entre los profesores bilingües y los especialistas de inglés es clave para el éxito del programa. Se realizan reuniones de seguimiento trimestrales donde se evalúa el avance del plan y se ajustan las actividades según las necesidades detectadas. Aunque cada docente dispone de una hora semanal para preparar de manera individual su material, estas reuniones permiten mantener una coherencia general en el programa y resolver posibles desajustes. En este contexto, la figura de la coordinadora bilingüe es crucial para la gestión del programa; dispone de dos horas semanales para coordinar y elaborar materiales comunes y actúa como enlace entre los docentes para implementar las decisiones tomadas en las reuniones de seguimiento.

En resumen, el programa bilingüe del CEIP Sardinero se basa en un equilibrio entre la integración del inglés en actividades prácticas, la colaboración entre los docentes y el apoyo del auxiliar de conversación, buscando continuamente mejorar la experiencia de aprendizaje del alumnado a través de ajustes regulares y un enfoque dinámico y adaptado a cada etapa educativa.

La evaluación en programas plurilingües

Uno de los grandes retos en el aula bilingüe y plurilingüe es el de evaluar el progreso del alumnado ya que, muchas veces, los profesores/as de contenido suelen sentirse incapaces de evaluar el lenguaje, y los de lengua, el contenido. Por ello, es crucial diseñar evaluaciones alineadas con los objetivos didácticos y lingüísticos de cada unidad. En este capítulo, proponemos una serie de herramientas y estrategias que pueden guiar al profesorado plurilingüe a la hora de evaluar contenido y lengua simultáneamente.

1. ¿Cómo evaluar contenido y lengua simultáneamente?

El marco PUMI (*Purpose, Use, Method, Instrument*, por sus siglas en inglés), propuesto por Mahoney (2017) y adaptado por Morton (2019) es una herramienta útil para guiar a los docentes en la evaluación de estudiantes en programas AICLE, ya que se centra en la evaluación de contenidos y lengua. Este marco puede servir como punto de partida para el docente a la hora de diseñar los criterios de calificación y los métodos de evaluación, entre otros. Este marco se organiza en cuatro etapas clave, que el profesorado debe considerar en este orden:

1. **Propósito: definir qué se quiere medir:** "¿Qué es lo que quiero evaluar?"

   A la hora de evaluar el aprendizaje, es posible que solo nos enfoquemos en el conocimiento del contenido o en una habilidad particular, sin preocuparnos directamente por evaluar el lenguaje que han utilizado los alumnos para demostrarlo. En otros casos, el propósito de nuestra evaluación podría ser cómo los estudiantes emplean el lenguaje para expresar lo que saben o para mostrar una habilidad. También, en algunas situaciones, nuestro enfoque principal podría estar en una habilidad lingüística o aspecto específico del conocimiento del idioma. Por eso, no es posible establecer unas reglas universales sobre cómo equilibrar el contenido y el lenguaje en la evaluación dentro de AICLE, ya que pueden cambiar de un contexto a otro, o incluso pueden variar en diferentes momentos dentro del mismo contexto. Por eso, es el propio docente quien tiene que establecer qué es lo que va a evaluar en cada actividad.

2. **Uso: decidir cómo se emplearán los resultados de la evaluación:** "¿Por qué estoy realizando esta evaluación?"

En cualquier actividad que vayamos a evaluar, es importante tener claro cómo utilizaremos la evidencia recopilada durante el proceso de evaluación. Por ejemplo, podemos evaluar lo que ha aprendido nuestro alumnado al final de un tema o de un periodo lectivo concreto (por ejemplo, un curso académico), lo que se conoce como evaluación sumativa (Cheng y Fox, 2017). También, podemos utilizar esa evidencia para averiguar lo que ya conocen los estudiantes sobre un tema o para identificar las dificultades que puedan tener, con el fin de planificar nuestras intervenciones; es decir, una evaluación formativa (Black y William, 2009). En cualquier caso, la evaluación formativa y sumativa se refieren al uso que le demos a los resultados, no a la prueba en sí. Por ejemplo, un test se puede usar con fines formativos. La idea detrás de la evaluación formativa es que aún hay tiempo para remediar el proceso de enseñanza-aprendizaje, por ejemplo, diseñando una sesión más para practicar un objetivo de aprendizaje que los alumnos aún no han adquirido.

3. **Método:** seleccionar el método de evaluación una vez que hayamos establecido el propósito y el uso de la evaluación.

Los métodos de evaluación se pueden categorizar de muchas formas, pero aquí vamos a centrarnos en la clasificación propuesta por Mahoney (2017), ya que tiene en cuenta la integración de contenidos y lengua en entornos plurilingües. Esta clasificación incorpora el nivel de demanda lingüística de cada una de las tareas (ver Figura 21):

Figura 22. Tipos de tareas según Mahoney (2017).

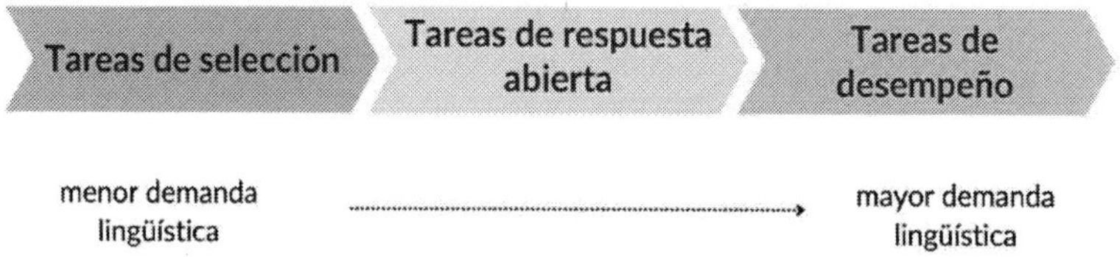

Tareas de selección	Tareas de respuesta abierta	Tareas de desempeño

menor demanda lingüística ·····································➔ mayor demanda lingüística

A continuación, se explican más en detalle cada una de estas tareas:

- **Tareas de selección:** son actividades de evaluación en las que los estudiantes eligen una respuesta de un conjunto de opciones predefinidas, como en las preguntas de opción múltiple, verdadero o falso, o emparejamiento. Este tipo de tarea se utiliza para evaluar el conocimiento de los estudiantes sobre un tema específico de manera rápida y objetiva, sin que tengan que utilizar el lenguaje, por eso la demanda lingüística es menor. Por ejemplo, preguntas de verdadero o falso, ejercicios de completar huecos, de unir con flechas o de selección múltiple.

- **Tareas de respuesta abierta:** este tipo de tareas requieren que los alumnos/as produzcan lenguaje que pueden ir desde palabras, frases y oraciones hasta ensayos sobre temas complejos. Con ellas se fomenta que los estudiantes sean más originales y creativos, además de permitirles expresar habilidades de pensamiento de orden superior (Gottlieb, 2016). Además, ya que pueden expresar ideas más complejas, generalmente esto implica el uso de un lenguaje más elaborado. Por ejemplo, una tarea en la que los estudiantes tienen que explicar una relación de causa-efecto, o describir procesos, en asignaturas como Ciencias o Historia.

- **Tareas de desempeño:** actividades de evaluación en las que los alumnos deben aplicar sus conocimientos y habilidades para completar una tarea real o simulada. En este tipo de tareas, los estudiantes deben demostrar la adquisición de los objetivos a través de la creación de un producto, la resolución de un problema, o la realización de una actividad, como una presentación, un experimento, un ensayo o un proyecto creativo. Este tipo de evaluación se centra en medir la capacidad de los estudiantes para usar lo que han aprendido en situaciones prácticas y auténticas. Al igual que el método anterior, las tareas de desempeño suponen una demanda lingüística aún mayor para el alumnado, pero a su vez permite evaluar habilidades de pensamiento de orden superior (HOTS).

4. **Instrumento:** elegir las herramientas, como rúbricas (holísticas o analíticas) o listas de verificación (*checklist*), que ayudarán a evaluar de manera precisa y reducir la subjetividad, siempre teniendo en cuenta el método de evaluación elegido, el propósito y el uso de los resultados. En la siguiente sección, se presentarán algunos ejemplos.

2. Ejemplos de instrumentos de evaluación

2.1. Listas de verificación o *checklist*

Estos instrumentos se distinguen por incluir una lista de puntos o ítems que se califican, normalmente, en dos categorías: sí/no, correcto/incorrecto, etc. Por tanto, las *checklist* se utilizan, en muchos casos, como instrumento de autoevaluación o de evaluación por pares para verificar que se han incluido todos los aspectos necesarios antes de entregar una tarea. A continuación, se muestran dos ejemplos de cómo utilizar este tipo de instrumento.

EJEMPLO 1

ASIGNATURA	CURSO	TEMA
Historia	4º ESO	Europa después de la I Guerra Mundial

MÉTODO DE EVALUACIÓN	TIPO DE EVALUACIÓN	INSTRUMENTO
Tarea de respuesta abierta (redacción)	Autoevaluación	Checklist

ENUNCIADO

Evalúa las diferentes razones por las cuales Alemania no estaba satisfecha con el Tratado de Versalles firmado en 1919. Asegúrate de abordar los siguientes puntos:

❖ **Contexto histórico** en el que se firmó y su impacto en Alemania.

❖ Identifica y analiza tres **cláusulas problemáticas** que afectaron a Alemania.

❖ Explica cómo afectaron estas cláusulas al **sentimiento nacional alemán**.

❖ Evalúa las **consecuencias políticas y sociales** que tuvo el Tratado en Alemania.

❖ Da tu **opinión** de la neutralidad del tratado y su impacto a largo plazo.

CHECKLIST

Elemento	SÍ	NO
Contexto histórico del Tratado de Versalles		
Identificación de al menos tres cláusulas problemáticas		
Análisis de cómo afectaron estas cláusulas a Alemania		
Explicación del sentimiento nacional alemán		
Evaluación de las consecuencias políticas y sociales		
Opinión personal sobre la justicia del Tratado		
Revisión de gramática y vocabulario		

ASIGNATURA	CURSO	TEMA
Educación Física	4° Primaria	Carrera de sacos

MÉTODO DE EVALUACIÓN	TIPO DE EVALUACIÓN	INSTRUMENTO
Tarea de desempeño	Evaluación por pares	Checklist

ENUNCIADO

¡A saltar! Vamos a hacer una carrera de sacos por equipos de 4. Cada miembro del equipo tendrá que recorrer la distancia dentro del saco. Recuerda que el siguiente corredor, no podrá salir hasta que el anterior haya llegado a la meta.

Cuando todos los equipos hayan terminado la carrera, cada uno de vosotros, evaluará a un compañero del mismo equipo con la ayuda de esta checklist. Así que, durante la carrera, tendréis que estar atentos a lo que hace el resto de vuestro equipo.

CHECKLIST

Elemento	SÍ	NO
Tuvo una postura adecuada al saltar (espalda recta, manos sujetando el saco)		
Saltó de manera controlada y equilibrada		
Mantuvo un ritmo constante durante la carrera		
Participó activamente y no se rindió		
Animó y apoyó a sus compañeros durante la carrera		
Se mostró entusiasta y motivado durante la carrera		

2.2. Rúbricas holísticas

Las rúbricas son herramientas de evaluación más precisas que las *checklist*, ya que permiten evaluar distintos niveles de calidad en una tarea. Con ellas, es posible clasificar el desempeño del alumno según los criterios de calificación establecidos. En particular, las rúbricas holísticas ofrecen a los profesores una visión general del rendimiento del estudiante, lo que facilita una evaluación rápida y efectiva. A continuación, se muestra un ejemplo de rúbrica holística:

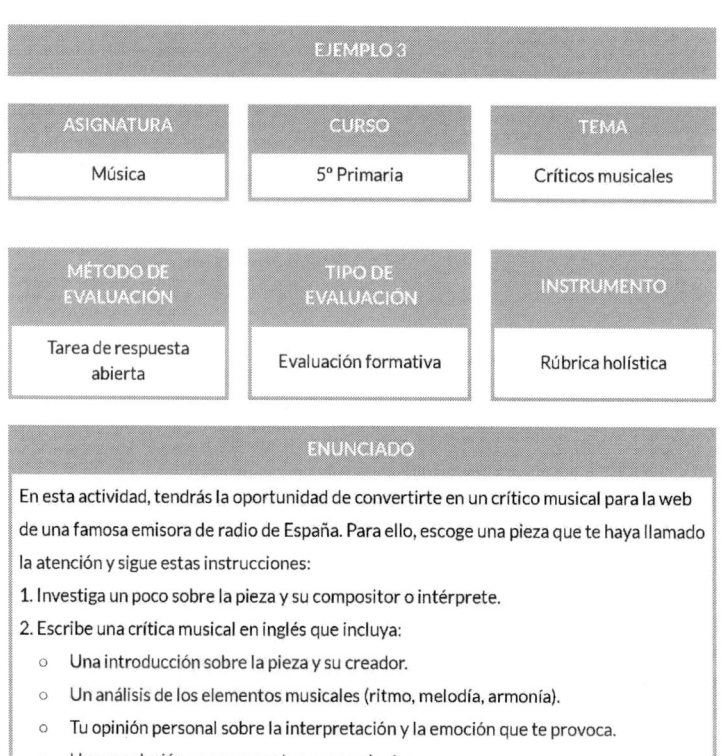

EJEMPLO 3

ASIGNATURA	CURSO	TEMA
Música	5º Primaria	Críticos musicales

MÉTODO DE EVALUACIÓN	TIPO DE EVALUACIÓN	INSTRUMENTO
Tarea de respuesta abierta	Evaluación formativa	Rúbrica holística

ENUNCIADO

En esta actividad, tendrás la oportunidad de convertirte en un crítico musical para la web de una famosa emisora de radio de España. Para ello, escoge una pieza que te haya llamado la atención y sigue estas instrucciones:

1. Investiga un poco sobre la pieza y su compositor o intérprete.

2. Escribe una crítica musical en inglés que incluya:

○ Una introducción sobre la pieza y su creador.

○ Un análisis de los elementos musicales (ritmo, melodía, armonía).

○ Tu opinión personal sobre la interpretación y la emoción que te provoca.

○ Una conclusión que resuma tus pensamientos.

3. Prepara una presentación de tu crítica para compartirla con la clase. Asegúrate de incluir imágenes o materiales visuales que complementen tu crítica.

Nivel de logro	Descripción
Muy bien (4)	La crítica cumple con los objetivos de la tarea, con un análisis profundo y reflexivo de la pieza musical. La redacción es clara y fluida, con un uso preciso del lenguaje. Se incluyen todos los elementos requeridos y se presenta de manera creativa. El estudiante muestra un gran dominio del tema.
Bien (3)	La crítica es buena, con un análisis coherente de la música. La redacción es comprensible y se utiliza un lenguaje apropiado. Se incluyen la mayoría de los elementos requeridos, aunque puede haber pequeños descuidos. La presentación es clara y bien organizada.
Regular (2)	La crítica es aceptable, pero el análisis es superficial. La redacción es básica y puede contener errores que afectan la claridad. Se incluyen algunos elementos requeridos, pero falta información importante. La presentación es comprensible, aunque no muy atractiva.
Necesita mejorar (1)	La crítica muestra poco análisis y comprensión de la pieza musical. La redacción es confusa y presenta numerosos errores. No se incluyen los elementos requeridos, y la presentación es desorganizada o poco clara.

2.3. Rúbricas analíticas

Las rúbricas analíticas dividen los criterios de calificación de una tarea. Esto permite a los docentes calificar cada uno de los componentes por separado, lo que proporciona una visión más completa del rendimiento del estudiante. Además, las rúbricas analíticas ayudan a identificar áreas específicas donde el estudiante puede mejorar, lo que permite ofrecer una retroalimentación más detallada y efectiva. Este tipo de rúbricas son las más indicadas cuando queremos evaluar contenido y lengua, ya que permiten distinguir los criterios de cada uno de esos componentes. Hay que tener en cuenta, también, que lleva más tiempo diseñar y evaluar con rúbricas analíticas, dado el nivel de detalle de los descriptores. No obstante, hoy en día, existen muchas aplicaciones de creación de rúbricas gratuitas en línea. Dos de las más conocidas son Rubistar y Corubrics, que permiten crear rúbricas analíticas de forma rápida mediante el uso de plantillas. Además, la inteligencia artificial generativa, con herramientas como ChatGPT o Megaprofe, también ofrece la posibilidad de crear rúbricas de manera rápida y específica, con los criterios de calificación que indique el profesorado. A continuación, se presenta un ejemplo de cómo utilizar las rúbricas analíticas:

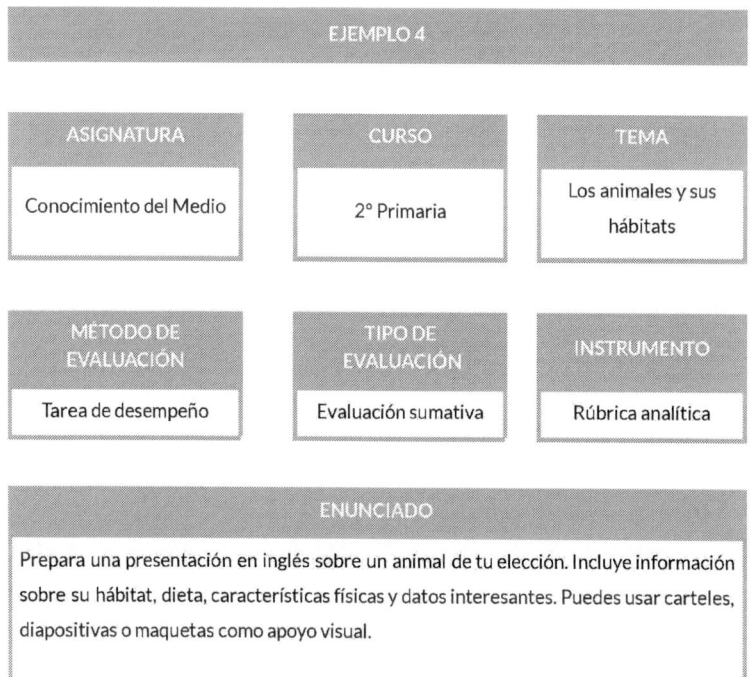

EJEMPLO 4		
ASIGNATURA	**CURSO**	**TEMA**
Conocimiento del Medio	2º Primaria	Los animales y sus hábitats
MÉTODO DE EVALUACIÓN	**TIPO DE EVALUACIÓN**	**INSTRUMENTO**
Tarea de desempeño	Evaluación sumativa	Rúbrica analítica
ENUNCIADO		
Prepara una presentación en inglés sobre un animal de tu elección. Incluye información sobre su hábitat, dieta, características físicas y datos interesantes. Puedes usar carteles, diapositivas o maquetas como apoyo visual.		

Criterio	Excelente (4)	Bien (3)	Regular (2)	Necesita mejorar (1)
Contenido -Describe el animal. -Describe el hábitat.	Información detallada y precisa sobre el animal.	Información adecuada, pero falta algún detalle.	Información incompleta.	Información incorrecta.
Organización	Presentación muy bien estructurada y fácil de seguir.	Estructura clara, aunque algo confusa en partes.	Estructura básica, con ideas poco conectadas.	Estructura débil con ideas poco claras y difícil de seguir.
Lenguaje -Uso de vocabulario específico -Uso de presente simple	Emplea correctamente el vocabulario y las estructuras específicas.	Usa la mayoría del vocabulario y las estructuras específicas.	Usa algunas palabras del vocabulario y/o estructuras, aunque con bastantes errores.	No utiliza las palabras del vocabulario específico o tiene muchos errores.

3. Estrategias para la retroalimentación efectiva en un entorno plurilingüe

La retroalimentación es una parte esencial en el proceso de enseñanza-aprendizaje, y en un entorno plurilingüe esta retroalimentación debe dirigirse tanto al contenido académico como a la lengua extranjera. Esto añade una capa de complejidad al proceso, ya que el docente no solo debe corregir conceptos erróneos o guiar al estudiante hacia la comprensión correcta del contenido, sino también atender a los errores lingüísticos que puedan surgir en la interacción. En este sentido, para que la retroalimentación sea efectiva debe:

- **Ser específica,** centrándose en los errores clave que interfieren con la comprensión o la producción.

- **Fomentar la reflexión,** permitiendo que el estudiante reconozca y corrija sus errores por sí mismo en la medida de lo posible.

- **Promover el aprendizaje autónomo,** brindando oportunidades para que los estudiantes refuercen su comprensión de las reglas gramaticales y el contenido.

- **Equilibrar el enfoque en el lenguaje y el contenido,** asegurándose de que los estudiantes progresen en ambas áreas sin sentirse abrumados por la corrección.

En un entorno AICLE, el *feedback* oral adquiere especial relevancia debido a la naturaleza interactiva de las clases, donde los estudiantes usan la lengua extranjera para expresar los contenidos curriculares. Este tipo de retroalimentación permite una corrección inmediata, lo que facilita la mejora tanto en la precisión lingüística como en la comprensión del contenido. Además, fomenta la participación activa, ya que los estudiantes reciben correcciones en tiempo real que les ayudan a ajustar su discurso y reflexionar sobre sus errores. A continuación, se presentan diversas estrategias de retroalimentación oral específicas para el contexto AICLE, basadas en el estudio de Coskun (2010), que permiten a los docentes corregir de manera efectiva errores lingüísticos y de contenido:

Figura 23. Estrategias de retroalimentación oral.

1. Elicitación

La elicitación consiste en guiar al estudiante para que corrija su propio error sin proporcionar directamente la respuesta correcta. Esto puede implicar repetir la frase con una pausa en el punto donde el estudiante cometió el error o reformular la pregunta para provocar que el alumno reflexione y corrija su respuesta. Ejemplo en una clase de Conocimiento del Medio:

Estudiante: *The leaf takes water from the sun.*

Docente: *The leaf takes...? What does it take from the sun?*

Estudiante: *Oh, it takes light from the sun.*

Este tipo de retroalimentación es particularmente útil cuando el docente está seguro de que el estudiante conoce la respuesta correcta, pero ha cometido un error debido a un desliz momentáneo o un fallo en la precisión lingüística.

2. Repetición

La repetición implica que el docente repite la respuesta incorrecta del estudiante, enfatizando el error para que el estudiante lo identifique y lo corrija. Este método puede ser efectivo cuando el error es evidente y el estudiante tiene la capacidad de autocorregirse.

Ejemplo en una clase de Historia:

Estudiante: *The Romans fighted many battles.* Docente: *The Romans fighted?*

Estudiante: *Oh, the Romans fought many battles.*

En este caso, la repetición destaca el error sin necesidad de corrección directa, promoviendo la autorreflexión en el estudiante.

3. Reformulación

En la reformulación, el docente corrige el error del estudiante mientras repite su respuesta de manera correcta. Aunque no se considera retroalimentación pura, ya que incluye corrección, puede ser una manera efectiva de mostrar al estudiante cómo debería haberse expresado correctamente.

Ejemplo en una clase de Matemáticas:

Estudiante: *The triangle has two equal sides.*

Docente: *Yes, the triangle has three equal sides.*

Estudiante: *Right, three equal sides.*

En este caso, la corrección está implícita y permite que el estudiante reconozca su error de forma indirecta, mientras ve el modelo lingüístico correcto.

4. Corrección explícita

La corrección explícita implica que el docente señale el error del estudiante y proporcione la corrección inmediata. Este tipo de retroalimentación puede ser útil cuando el error es significativo y el estudiante no tiene los recursos suficientes para autocorregirse. Ejemplo en una clase de Geografía:

Estudiante: *Mount Everest is the longest mountain.*

Docente: *Actually, you should say 'the tallest mountain', not 'the longest'. Can you try again?*

Estudiante: *Mount Everest is the tallest mountain.*

Aquí, el docente proporciona la respuesta correcta y da al estudiante la oportunidad de corregirse y reformular su respuesta.

5. Solicitud de aclaración

La solicitud de aclaración se utiliza cuando el docente pide al estudiante que aclare o repita su respuesta sin señalar directamente el error. Este tipo de retroalimentación estimula al estudiante a revisar su respuesta y encontrar el error por sí mismo.

Ejemplo en una clase de Biología:

Estudiante: *The animal use energy to hunt.*

Docente: *Sorry, could you repeat that? How does the animal use energy?*

Estudiante: *The animal uses energy to hunt.*

Este enfoque permite al estudiante detenerse y reflexionar sobre su propio uso del lenguaje y el contenido antes de que el docente proporcione una corrección directa.

6. Retroalimentación metalingüística

La retroalimentación metalingüística involucra explicar la regla gramatical o lingüística que el estudiante no ha aplicado correctamente. Este tipo de retroalimentación es particularmente útil para ayudar a los estudiantes a comprender por qué cometieron un error y cómo evitarlo en el futuro.

Ejemplo en una clase de arte:

Estudiante: *In the picture, the painter make a mistake with the shadows.*

Docente: *Remember, in the third person singular we add an '-s'. So, how would you say it?*

Estudiante: *The painter **makes** a mistake with the shadows.*

Este tipo de retroalimentación es clave para mejorar la competencia lingüística del estudiante.

Aunque la retroalimentación oral tiene un impacto inmediato en la corrección de errores y la mejora de la fluidez en el aula AICLE, la retroalimentación escrita también desempeña un papel crucial. Este tipo de retroalimentación permite a los estudiantes reflexionar de manera más profunda sobre los errores cometidos y revisar las correcciones a su propio ritmo. Además, ofrece una oportunidad para abordar cuestiones más complejas que requieren un análisis detallado, tanto en términos de contenido como de lengua. Mientras que el *feedback* oral favorece la inmediatez y la interacción, la retroalimentación escrita es especialmente útil para tareas de mayor extensión, donde el estudiante puede revisar y mejorar gradualmente. A continuación, se presentan algunos ejemplos de estrategias concretas para proporcionar *feedback* escrito en AICLE:

Figura 24. Estrategias de retroalimentación escrita.

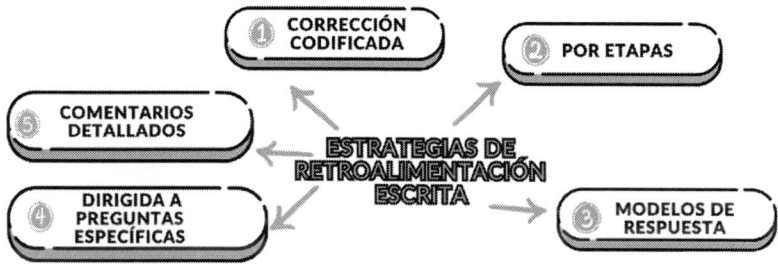

7. Corrección codificada

La corrección codificada consiste en marcar los errores del estudiante utilizando un sistema de códigos o abreviaciones, en lugar de corregir directamente el error. Este método permite que el estudiante sea más consciente de los tipos de errores que está cometiendo (gramatical, de vocabulario, ortografía, etc.) y le da la oportunidad de reflexionar y corregir sus propios errores.

Ejemplo de código en una tarea de Historia:

VT (*verb tense*, verbo en tiempo incorrecto)

WO (*word order*, orden de palabras incorrecto)

SP (*spelling*, error ortográfico)

Estudiante: The Romans builded [VT] many roads in Europe.

Corrección codificada: [VT] → El estudiante revisa la conjugación correcta: The Romans built many roads in Europe.

8. **Retroalimentación por etapas.**

Esta estrategia implica proporcionar retroalimentación en diferentes fases del trabajo del estudiante, en lugar de hacerlo solo al final. Los docentes pueden revisar los borradores de un ensayo o proyecto y ofrecer sugerencias sobre aspectos que requieren mejora antes de que el trabajo final sea entregado. Esto fomenta la reflexión y el perfeccionamiento del trabajo por parte del alumno, ayudando a consolidar tanto el conocimiento del contenido como el uso de la lengua. Ejemplo en una clase de Ciencias:

- **Borrador 1:** El docente proporciona comentarios sobre el uso del vocabulario científico específico y estructura del informe.

- **Borrador 2:** El docente se centra en la precisión gramatical y la claridad de la explicación de los conceptos.

9. **Modelos de respuesta**

En lugar de corregir directamente todos los errores, el docente puede ofrecer un modelo de respuesta ideal o ejemplos de una redacción o ejercicio bien hecho. De este modo, el estudiante puede comparar su trabajo con el modelo y aprender cómo mejorar sus propios errores. Esta estrategia es útil en tareas más amplias como ensayos o informes científicos.

10. Retroalimentación dirigida a preguntas específicas

En lugar de señalar todos los errores en un trabajo, el docente puede centrarse en ciertos aspectos clave y hacer preguntas para guiar al estudiante hacia la autocorrección. Estas preguntas ayudan al alumnado a reflexionar sobre sus respuestas y mejorar su comprensión sin que el docente ofrezca directamente la respuesta correcta.

Ejemplo en una clase de Matemáticas:

Estudiante: *The result of the equation is 20.*

Docente: *Are you sure? Could you check again the second step of your calculation?*

11. Comentarios detallados sobre contenido y lengua

En tareas que integran contenido académico y lengua extranjera, es fundamental que la retroalimentación aborde ambas áreas. El docente debe proporcionar comentarios específicos sobre el contenido (¿es la información correcta? ¿está bien estructurada?) y sobre el uso del idioma (¿está la gramática bien aplicada? ¿se usa el vocabulario adecuado?). Al diferenciar ambos aspectos en el *feedback*, los estudiantes pueden identificar mejor en qué áreas necesitan mejorar.

Ejemplo en una clase de Historia:

Comentario sobre contenido: "Has explicado bien las causas de la Revolución Francesa, pero sería útil incluir más detalles sobre el impacto económico".

Comentario sobre lengua: "Buen uso del pasado simple, pero revisa los tiempos verbales en esta sección".

Así pues, las estrategias de retroalimentación en AICLE desempeñan un papel crucial en la construcción del conocimiento tanto del contenido como de la lengua. Utilizar una variedad de técnicas de retroalimentación permite que los docentes adapten sus respuestas a las necesidades individuales de los estudiantes, mejorando su comprensión y habilidades en ambos ámbitos.

4. La evaluación de los programas plurilingües

La implementación de programas plurilingües no garantiza su éxito sin un seguimiento adecuado. Para asegurar que estos programas funcionen correctamente y generen los resultados esperados, es fundamental evaluar su desarrollo y resultados. Este proceso de evaluación permite identificar fortalezas y áreas de mejora, asegurando que las políticas educativas bilingües/plurilingües cumplan con sus objetivos.

En España, muchas comunidades autónomas han integrado mecanismos de evaluación en sus normativas, con diferentes aproximaciones, según su contexto educativo que pueden agruparse en tres grandes categorías: evaluaciones internas, evaluaciones externas y evaluaciones mixtas. A continuación, se analiza cada tipo, destacando ejemplos y particularidades de algunas comunidades.

1. Evaluación interna

En primer lugar, muchas comunidades optan por la evaluación interna, donde el seguimiento y análisis del programa bilingüe o plurilingüe es responsabilidad de los propios centros educativos. Este tipo de evaluación, que generalmente se plasma en memorias anuales, permite a los centros realizar ajustes en función de su propia experiencia y necesidades.

Por ejemplo, en Cantabria, los centros educativos deben llevar a cabo un seguimiento continuo del programa bilingüe y reflejarlo en la memoria de fin de curso. Este documento recoge el grado de consecución de los objetivos, el rendimiento del alumnado y las propuestas de mejora para el curso siguiente (Orden ECD/123/2013, art. 17). Esta autoevaluación proporciona una oportunidad para reflexionar sobre los logros y desafíos específicos de cada centro.

De manera similar, en Castilla-La Mancha, los centros están obligados a realizar una memoria anual que evalúa aspectos como el número de alumnos participantes y los resultados obtenidos en las áreas impartidas en la lengua extranjera. Además, esta memoria debe incluir propuestas de mejora para el curso siguiente, lo que garantiza que la evaluación sea un proceso continuo de retroalimentación (Orden 27/2018, art. 41). Así, los centros pueden adaptar su metodología en función de los resultados obtenidos durante el curso.

2. Evaluación externa

Por otro lado, algunas comunidades autónomas optan por un enfoque basado en la evaluación externa, lo que implica que entidades o servicios de inspección educativa realicen el seguimiento y análisis de los programas plurilingües. Este tipo de evaluación ofrece una visión objetiva y comparativa que puede ser útil para garantizar que los programas estén alineados con los estándares regionales y nacionales.

En la Comunidad de Madrid, los programas bilingües/plurilingües se evalúan mediante pruebas externas al final de la Educación Primaria y Secundaria. Estas pruebas permiten medir el nivel de competencia lingüística general del alumnado y son determinantes para su continuidad en el programa. Además, la Consejería de Educación realiza pruebas muestrales en diferentes momentos, lo que refuerza el control externo sobre el rendimiento de los centros bilingües (Comunidad de Madrid, art. 22). Este sistema garantiza un enfoque riguroso y estandarizado para evaluar los logros de los estudiantes.

De igual manera, en Canarias, la Agencia Canaria de Calidad Universitaria y Evaluación Educativa (ACCUEE) lidera la evaluación de los programas bilingües/plurilingües. Esta evaluación externa no solo mide los resultados de los estudiantes, sino también el grado de aplicación de las metodologías AICLE (Aprendizaje Integrado de Contenidos y Lenguas Extranjeras) y la participación del profesorado en actividades de formación. La difusión pública de los resultados asegura transparencia y permite a los centros compararse entre sí (Resolución de la DGOEII, 2024, art. 10). Este enfoque hace de la evaluación un proceso abierto y participativo.

3. Evaluación mixta (interna y externa)

Finalmente, muchas comunidades autónomas optan por un enfoque mixto, que combina la evaluación interna y la externa. Este modelo permite que los centros realicen autoevaluaciones continuas, mientras que la administración educativa ofrece una revisión objetiva a través de auditorías o inspecciones externas. Este enfoque integral se ha demostrado eficaz al complementar la autorreflexión de los centros con una perspectiva externa que verifica el cumplimiento de los objetivos.

En Aragón, por ejemplo, los programas plurilingües son evaluados tanto por los propios centros como por la Inspección de Educación. Los centros deben elaborar una memoria anual con la evaluación interna del programa, mientras que la Inspección revisa esta documentación y emite un informe externo que propone modificaciones y mejora (Orden ECD/823/2018, art. 22). Este enfoque mixto permite asegurar la calidad del programa desde múltiples ángulos.

De manera similar, en Extremadura, se lleva a cabo una "Evaluación Integral de las Secciones Bilingües", que incluye una autoevaluación por parte de los centros junto con una auditoría externa dirigida por el Servicio de Evaluación y Calidad de la Consejería de Educación. Esta evaluación mixta proporciona una visión completa del programa, desde su implementación hasta los resultados obtenidos, garantizando así una revisión exhaustiva y objetiva (Gobierno de Extremadura, 2013/14).

En Navarra, la evaluación mixta también es la norma. Los centros deben elaborar una memoria anual interna en la que evalúan el desarrollo del programa, mientras que la Inspección de Educación revisa estos informes y emite un informe externo que determina la continuidad o no del mismo (Orden Foral 57/2024, art. 18). Este sistema asegura una supervisión constante y una mejora progresiva del programa.

Por su parte, Asturias cuenta con la normativa más reciente en este ámbito, regulada por la Resolución de 14 de junio de 2023. Este enfoque mixto refuerza la responsabilidad de los centros en la evaluación interna, ya que el profesorado elabora informes al final del curso sobre el desarrollo del programa bilingüe. Estos informes se incluyen en la memoria final del centro, que se remite a la Consejería de Educación, que revisa estas memorias y realiza un seguimiento global del programa a nivel regional, lo que le permite proponer ajustes o mejoras, basándose en los informes recibidos, asegurando así la coherencia y calidad del programa en todos los centros de la comunidad (Resolución de 14 de junio de 2023, art. 11). Este enfoque refleja una tendencia moderna hacia una mayor autonomía de los centros, pero con una supervisión efectiva que garantiza el cumplimiento de los objetivos a nivel regional.

Cabe destacar que algunas comunidades han desarrollado enfoques singulares dentro de sus sistemas de evaluación. En el País Vasco, los programas plurilingües se someten a una evaluación experimental que incluye comparaciones con grupos de control y utiliza estándares internacionales como las pruebas PISA. Este enfoque permite una evaluación más detallada y comparativa, especialmente en áreas no lingüísticas (Orden de 18 de mayo de 2010). Por su parte, en Islas Baleares, los programas de tratamiento integrado de lenguas se revisan al menos una vez cada cuatro años, lo que garantiza una actualización periódica del proyecto para ajustarse a las realidades sociolingüísticas de los alumnos. Esta revisión a largo plazo es menos frecuente en otras comunidades, lo que hace que Baleares tenga un enfoque más estructurado y estratégico (Decreto 15/2013, art. 21).

Los ejemplos expuestos de diferentes leyes autonómicas en España ponen de manifiesto la importancia de establecer formas claras y efectivas de evaluar los programas plurilingües. La evaluación es esencial para garantizar que los objetivos del programa se cumplan y que los estudiantes desarrollen las competencias lingüísticas esperadas, al tiempo que se mantiene la calidad educativa en todas las áreas. Sin embargo, cada enfoque de evaluación presenta tanto ventajas como limitaciones, lo que resalta la necesidad de encontrar un equilibrio adecuado que permita realizar un seguimiento continuo y eficaz de estos programas.

Por un lado, la evaluación interna, que depende de los centros educativos, tiene la ventaja de ofrecer una visión más cercana y ajustada a las necesidades específicas de cada centro. Los equipos directivos y el profesorado conocen de primera mano las particularidades del alumnado y pueden ajustar los programas según los resultados observados. Esta flexibilidad y autonomía son altamente valoradas porque permiten una mejora constante y adaptativa de los programas. Sin embargo, una de las limitaciones más evidentes es que, al carecer de una revisión externa, puede faltar objetividad en la detección de problemas estructurales o en la aplicación de mejoras sustanciales. Los centros pueden verse limitados por sus propios recursos y, sin una supervisión externa, es posible que ciertas debilidades no se identifiquen o no se corrijan de manera efectiva.

Por otro lado, la evaluación externa ofrece un nivel de imparcialidad que permite comparar los resultados entre centros y detectar debilidades que pueden no ser evidentes en la autoevaluación. No obstante, una evaluación exclusivamente externa puede resultar en una desconexión con la realidad cotidiana del aula, dado que no siempre tiene en cuenta las condiciones específicas de cada centro. Además, estas evaluaciones tienden a ser menos frecuentes, lo que puede dificultar la implementación de cambios inmediatos y hacer que los programas respondan más lentamente a los problemas emergentes.

El enfoque mixto, que combina evaluaciones internas y externas, parece ser el más equilibrado y efectivo. Este modelo permite que los centros tengan la autonomía necesaria para autoevaluarse de forma continua y realizar ajustes en tiempo real, mientras que una evaluación externa asegura la objetividad y el cumplimiento de los estándares establecidos. Al combinar lo mejor de ambos enfoques, el modelo mixto garantiza un seguimiento cercano de las particularidades del centro, al mismo tiempo que proporciona una visión general sobre el rendimiento de los programas en el conjunto del sistema educativo. Sin embargo, este enfoque requiere una coordinación eficiente entre los evaluadores internos y externos, y es fundamental que las recomendaciones externas se integren correctamente en la práctica diaria de los centros.

A partir del análisis de las distintas legislaciones autonómicas, hemos identificado una serie de aspectos fundamentales que requieren un seguimiento continuo en los programas plurilingües para garantizar su éxito y calidad:

Figura 25. Guía de seguimiento de programas plurilingües.

GUÍA DE SEGUIMIENTO DE PROGRAMAS PLURILINGÜES

1. COMPETENCIA LINGÜÍSTICA
2. CALIDAD DE LA ENSEÑANZA
3. RENDIMIENTO ACADÉMICO GENERAL
4. SATISFACCIÓN DE LA COMUNIDAD EDUCATIVA
5. RECURSOS Y MATERIALES
6. ACTIVIDADES COMPLEMENTARIAS

Competencia lingüística: es importante evaluar tanto la competencia comunicativa básica de acuerdo al Marco Común Europeo de Referencia para las Lenguas (MCER) como la competencia de corte académico. La primera mide la capacidad del alumnado para desenvolverse en situaciones cotidianas en la lengua extranjera, mientras que la segunda evalúa su capacidad para manejar conceptos académicos complejos en ese idioma. Ambas competencias deben desarrollarse de manera equilibrada para asegurar que los estudiantes no solo dominen el idioma en contextos cotidianos, lo cual se trabaja en el área de inglés como lengua extranjera, sino que también sean capaces de seguir el currículo académico. El uso de pruebas alineadas con el MCER proporciona un marco común de medición de la competencia comunicativa dde acuerdo con seis niveles de competencia lingüística. No obstante, no existen hasta la fecha unas pruebas estandarizadas que midan la competencia lingüística de corte académico, aunque sí existen marcos de referencia, como el de las funciones discursivo-cognitivas de Dalton-Puffer (2013; 2016) que se pueden utilizar como base para diseñar pruebas. Es importante que se considere la evaluación de ambos tipos de competencia lingüística en las pruebas que se utilicen para medir la competencia lingüística en los programas plurilingües.

Calidad de la enseñanza: hacer un seguimiento de la formación y actualización del profesorado en metodologías como AICLE es esencial para asegurar que los métodos de enseñanza se implementen correctamente. Un profesorado bien capacitado es clave para que los estudiantes adquieran tanto conocimientos lingüísticos como académicos. También es fundamental evaluar cómo los docentes aplican dichas metodologías en el aula, ya que esto impacta directamente en el aprendizaje del alumnado y la efectividad del programa. Por tanto, las administraciones deben fomentar los programas de formación metodológica continua del profesorado a través de los centros de formación del profesorado y de los títulos universitarios, tanto en grados como en posgrados. Igualmente, el profesorado necesita cursos de reciclaje en lo referente a la capacitación lingüística para seguir avanzando en su nivel de lengua extranjera.

Rendimiento académico general: es importante medir el progreso de los estudiantes no solo en las áreas lingüísticas, sino también en las materias no lingüísticas que se imparten en la lengua extranjera. Esto garantiza que el programa plurilingüe no esté afectando negativamente su rendimiento académico general. Evaluar tanto el contenido como la forma en que los estudiantes adquieren conocimientos en estas materias es esencial para asegurar una formación equilibrada y de calidad.

Satisfacción y motivación de la comunidad educativa: la percepción de los estudiantes, profesores y familias es un indicador importante del éxito del programa. Medir el grado de satisfacción y motivación a través de encuestas y otros mecanismos es esencial para ajustar y mejorar la implementación del programa. La motivación del alumnado, en particular, está estrechamente ligada a su éxito académico, por lo que mantenerla alta es fundamental para el logro de los objetivos del programa.

Recursos y materiales: el acceso adecuado a recursos tecnológicos y materiales didácticos es clave para la correcta implementación del programa plurilingüe. Hacer un seguimiento de su disponibilidad y uso en el aula permite asegurar que los centros educativos cuentan con las herramientas necesarias para cumplir con los objetivos del programa. La falta de recursos puede comprometer la calidad de la enseñanza y el aprendizaje, por lo que es necesario hacer un seguimiento de este aspecto de manera continua.

Participación en actividades complementarias: las actividades complementarias, como intercambios, estancias en el extranjero y proyectos europeos, amplían la exposición a la lengua y cultura extranjeras, refuerzan el aprendizaje real y aumentan la motivación. Evaluar su participación garantiza una educación plurilingüe integral más allá del aula.

Esta evaluación integral de los aspectos mencionados permitirá que los programas plurilingües sean eficaces, se mantengan ajustados a las necesidades de los estudiantes y cumplan con los estándares educativos establecidos.

Recursos y apoyo para el profesorado plurilingüe

Para facilitar la labor del profesorado plurilingüe de integrar contenido y lengua extranjera es fundamental contar con herramientas, estrategias y otros apoyos que respalden su práctica pedagógica. En esta sección, mostraremos recursos esenciales diseñados para enriquecer el aula plurilingüe y fomentar el aprendizaje colaborativo y la comunicación.

1. La planificación de sesiones AICLE

La planificación de una sesión AICLE es un proceso que parte del diseño de objetivos de contenido y lengua, como ya se mencionado. A continuación, se muestran los pasos claves para planificar una sesión efectiva que fomente el aprendizaje integrado de contenido y lengua extranjera.

Figura 26. Cómo planificar una sesión AICLE.

CÓMO PLANIFICAR UNA SESIÓN AICLE

1 Define los objetivos
Contenido: lo que aprenderán los alumnos del área curricular
Lengua: destrezas, estructuras y funciones lingüísticas

2 Identifica los contenidos
Contenido curricular del área
Contenido lingüístico: vocabulario, gramática, estructuras.

3 Diseña actividades
Inicial: activa el conocimiento previo.
Desarrollo: tareas que integren contenido y lengua.
Final: repaso y consolidación

4 Andamiaje
Usa apoyos visuales (mapas conceptuales, imágenes, gráficos, vídeos)
Facilita modelos, estructuras gramaticales y textuales, comienzos de frase, etc.

5 Planifica la interacción
Fomenta el trabajo colaborativo con preguntas abiertas que desarrollen pensamiento crítico, resolución de problemas y uso del idioma en contextos reales.

6 Diseña la evaluación
Integra evaluación formativa y sumativa. Define quién y cómo evaluará el lenguaje. Utiliza rúbricas, autoevaluaciones y proyectos, y ofrece feedback constructivo.

1.1. Ejemplo de *lesson plan*

TÍTULO	Curso Asignatura Duración

OBJETIVOS DE CONTENIDO	OBJETIVOS LINGÜÍSTICOS

CONTENIDOS	MATERIALES/RECURSOS

ACTIVIDADES
Inicial (activación de conocimiento previo)
Desarrollo (introducción de contenido o práctica guiada)
Final (producción y reflexión)

EVALUACIÓN

Lucila María Pérez Fernández / Patricia Bárcena Toyos

1.2. Lista de verificación de una unidad AICLE

A continuación, se presenta una lista de verificación de una unidad AICLE basada en la de Coyle et al. (2010) para ayudar al profesorado a planificar y evaluar unidades de aprendizaje que integren el contenido académico con el aprendizaje de una lengua extranjera.

Figura 27. Lista de verificación de una unidad AICLE.

Objetivos y resultados de aprendizaje claros
- ✅ ¿Se han considerado los objetivos globales en la planificación?
- ✅ ¿Los resultados de aprendizaje están definidos y son medibles?

Contenido
- ✅ ¿Las actividades diseñadas facilitan el aprendizaje del contenido?
- ✅ ¿Es el contenido accesible para el alumnado?

Cognición/Pensamiento
- ✅ ¿Las preguntas o problemas son apropiados para el nivel cognitivo del alumnado?
- ✅ ¿Se han pensado acciones para fomentar el pensamiento crítico, resolución de problemas y comprensión de conceptos?

Lengua/Comunicación
- ✅ ¿Las instrucciones son claras?
- ✅ ¿Se ofrecen oportunidades para el uso activo de la lengua?
- ✅ ¿Cuentan los estudiantes con el vocabulario necesario?
- ✅ ¿Son adecuadas las preguntas para el nivel lingüístico del alumnado?

Cultura
- ✅ ¿La unidad contribuye a la conciencia sobre diversidad cultural y ciudadanía global?
- ✅ ¿Se han planeado actividades para discutir perspectivas culturales?

Actividades
- ✅ ¿Las tareas tienen una progresión adecuada en lenguaje y contenido?
- ✅ ¿Está previsto el lenguaje necesario para cada actividad?
- ✅ ¿Las tareas están alineadas con las 4Cs (Contenido, Comunicación, Cognición, Cultura)?

Apoyo al aprendizaje
- ✅ ¿Se incluyen actividades que proporcionen soporte adecuado para comprender contenido y lenguaje?
- ✅ ¿Hay recursos visuales y ejemplos que faciliten el aprendizaje?
- ✅ ¿Se han planificado momentos de retroalimentación y reflexión?

Evaluación
- ✅ ¿Se han compartido los criterios de evaluación con los estudiantes?
- ✅ ¿Se ofrecen oportunidades para la evaluación formativa?
- ✅ ¿Se utilizan métodos variados de evaluación?
- ✅ ¿Se ha pensado en una retroalimentación útil para el aprendizaje?

Reflexión
- ✅ ¿Hay variedad en las dinámicas de trabajo (grupos, parejas, individual)?
- ✅ ¿Se asigna tiempo suficiente para las actividades y reflexiones?
- ✅ ¿Se han evaluado posibles mejoras en la unidad?
- ✅ ¿Se planean estrategias para recopilar y actuar sobre las opiniones del alumnado?

2. Ejemplos para Educación Infantil

OBJETIVOS DE CONTENIDO

Conocer símbolos y monumentos del Reino Unido.

Identificar elementos culturales.

Participar en actividades creativas relacionadas con la cultura del Reino Unido.

OBJETIVOS LINGÜÍSTICOS

Reconocer y nombrar elementos.

Hacer preguntas sencillas.

Practicar saludos en inglés en el contexto del recorrido.

DESCRIPCIÓN

Los niños/as harán un "viaje imaginario" al Reino Unido, donde ayudarán a la Reina de Inglaterra a encontrar su corona perdida mientras recorren los monumentos más emblemáticos de Londres. A lo largo del curso, completarán un pequeño dossier cultural con actividades sencillas y terminarán con una obra de teatro en la que representarán el viaje.

Introducción al Reino Unido (Primer trimestre):

Se empieza presentando un mapa del Reino Unido y el autobús londinense como símbolos del viaje. El alumnado se embarcará en la historia de *Where is the crown?*, ayudando a la Reina a encontrar su corona perdida. Realizarán actividades como colorear la bandera del Reino Unido, identificar los países que lo componen y aprender la canción *The Wheels on the Bus*.

Descubriendo Londres (Segundo trimestre):

Cada mes se enfocará en un monumento emblemático de Londres. Estas actividades permitirán a los niños pegar imágenes en su dossier y completar frases sencillas en inglés.

Preparación de la obra de teatro (Tercer trimestre):

Los niños/as participarán en la preparación de una obra de teatro sencilla que representará el recorrido por Londres en busca de la corona perdida, utilizando las frases aprendidas durante el curso. Además, confeccionarán accesorios como un autobús londinense de cartón y trajes de guardias reales. El proyecto culminará con la representación de la obra para las familias y una fiesta temática del Reino Unido con música tradicional, banderas y té simbólico.

OBJETIVOS DE CONTENIDO	OBJETIVOS LINGÜÍSTICOS
Identificar animales.	**Reconocer** vocabulario específico sobre animales.

DESCRIPCIÓN

Sesión 1 (45 min.)

Introducción (15 minutos): se explica a los alumnos que cantarán *Let's go to the zoo*, activando sus conocimientos previos con preguntas como "¿Qué animales viven en el zoo?". Se visualiza el vídeo de la canción y se incentiva la participación.

Juego de Bolos (20 minutos): cada equipo recibe un juego de bolos hechos con botellas recicladas y una imagen de un animal pegada en cada bolo. Los bolos se colocan en un espacio amplio. Cuando la docente o el auxiliar nombra un animal, cada equipo lanza la bola intentando derribar el bolo correspondiente. Si lo logran, deben imitar el sonido del animal.

Repaso (10 minutos): cada equipo recibe un juego de cartas con imágenes de animales. Al oír la palabra, deben coger la carta correspondiente y hacer el sonido del animal.

Sesión 2 (45 min.)

Memory (15 minutos): después de cantar nuevamente *Let's go to the zoo* para activar conocimientos previos, los estudiantes participan en un juego de memoria interactivo. La docente muestra figuras de animales sobre una mesa y nombra cada animal en inglés, pidiendo a los alumnos que repitan. Luego, cubre las figuras, retira una y pregunta *What animal is missing?* y los alumnos identifican el animal faltante en inglés.

Juego del pañuelito (20 minutos): se asigna a los alumnos un animal y al oír su nombre, corren al zoo (espacio con figuras de animales en el aula). Los últimos en llegar, regresan imitando al animal.

BINGO (10 minutos): el alumnado recibe una hoja con imágenes de los animales aprendidos para jugar al BINGO, repasando y afianzando el vocabulario al identificarlos.

3. Ejemplos para Educación Primaria

FOLIO GIRATORIO
LAURA BERMEJO RIVADULLA
CC San José Astillero

2º Primaria
Ciencias Naturales
45 min.

OBJETIVOS DE CONTENIDO

Recordar las partes del cuerpo.

OBJETIVOS LINGÜÍSTICOS

Describir las partes del cuerpo utilizando vocabulario específico y estructuras simples.

DESCRIPCIÓN

Introducción (5 minutos): el/la docente presenta el tema del cuerpo humano, repasando vocabulario clave en inglés como *heart* y *lungs*, y utilizando una figura visual en la pizarra para ilustrar algunas partes.

Organización de grupos (5 minutos): los estudiantes se organizan en grupos cooperativos de 4 a 5 miembros, asignando roles específicos: coordinador/a, secretario/a, intendente y ayudante, lo que facilita el trabajo en equipo y fomenta la autonomía. A cada grupo se le entrega un papel A3 con la figura de un cuerpo humano dibujada en el centro.

Actividad de rotación (15 minutos): el coordinador/a escribe el nombre de una parte del cuerpo en la figura humana y pasa el papel al siguiente miembro, repitiendo el proceso para que todos contribuyan. Esta dinámica permite que los estudiantes compartan y amplíen sus conocimientos sobre las partes del cuerpo en inglés y, en algunos casos, añadan detalles adicionales (por ejemplo, *206 bones* junto a la imagen de un hueso).

Revisión grupal (10 minutos): cada grupo presenta su figura y comenta las partes identificadas. El docente corrige la pronunciación y realiza preguntas adicionales, como *"Where is the heart?"*, para reforzar el aprendizaje.

Comparación al finalizar el tema (10 minutos): al finalizar el estudio del tema del cuerpo humano (en una sesión futura), se repite la actividad de folio giratorio para contrastar lo aprendido inicialmente con el conocimiento adquirido al finalizar el tema. El docente muestra ambos trabajos, destacando los progresos y ayudando a los estudiantes a reflexionar sobre su aprendizaje.

THINKING MAP
LAURA BERMEJO RIVADULLA
CC San José Astillero

2º Primaria
Ciencias Naturales
30 min.

OBJETIVOS DE CONTENIDO

Clasificar diferentes tipos de animales según sus características (ej., vertebrados e invertebrados).

OBJETIVOS LINGÜÍSTICOS

Formular preguntas y respuestas sobre las características de los animales (ej., "*Does a fish have lungs? No, it has gills.*").

DESCRIPCIÓN

Introducción (5 minutos): el docente introduce la actividad presentando los diferentes grupos de animales y explica cómo se pueden clasificar los animales den función de características como tener columna vertebral o no (vertebrados/invertebrados).

Organización de grupos (5 minutos): los estudiantes se dividen en grupos de 4 a 5 miembros. A cada grupo se le proporciona un papel grande y un conjunto de imágenes de diferentes animales.

Creación del *Thinking Map* (15 minutos): los grupos crean un mapa conceptual (*thinking map*) para organizar la información sobre los animales. Empiezan colocando la categoría principal (*Animals*) en el centro y la dividen en ramas como *Vertebrates* e *Invertebrates*. A medida que los estudiantes colocan las imágenes de los animales en la categoría correspondiente, el docente los guía con preguntas sencillas (ej., *Does a snake have bones? Yes/No.*).

Presentación y revisión (10 minutos): cada grupo muestra su *Thinking Map* y menciona algunos de los animales que han colocado en cada categoría. El docente hace preguntas sencillas para reforzar el uso del vocabulario (ej., *What is this animal?* o *Where does a fish live?*).

MUÑECO DE TRAPO
LAURA BERMEJO RIVADULLA
CC San José Astillero

2º Primaria
Ciencias Naturales
40 min.

OBJETIVOS DE CONTENIDO

Identificar y nombrar los principales órganos del aparato digestivo.

OBJETIVOS LINGÜÍSTICOS

Usar frases simples para describir funciones básicas de los órganos.

DESCRIPCIÓN

Introducción (5 minutos): el docente presenta el muñeco de trapo que tiene los órganos del aparato digestivo. Con el muñeco en la mano, el docente muestra cada órgano a los estudiantes y dice su nombre en inglés, pidiendo a los estudiantes que repitan (ej.: *This is the stomach*).

Demostración del proceso digestivo (10 minutos): el docente muestra cómo los órganos se pueden colocar y quitar del muñeco usando el velcro. Va explicando el proceso de la digestión de forma muy sencilla, colocando los órganos en el muñeco mientras dice frases como "*First, food goes into the mouth. Then, it goes down the esophagus to the stomach*". En la explicación, usa gestos y movimientos para ayudar al alumnado a comprender cada paso.

Actividad de colocación de órganos (15 minutos): los estudiantes participan en la actividad. El docente pide a un alumno/a que se acerque y elija un órgano del muñeco. Debe decir el nombre del órgano en inglés antes de colocarlo en el muñeco. Esto permite que todos los estudiantes participen de forma activa y refuercen el vocabulario aprendido.

Juego de preguntas (10 minutos): el docente hace preguntas sencillas sobre el aparato digestivo utilizando el muñeco como referencia. Por ejemplo: "*Where does food go after the stomach?*" Los estudiantes levantan la mano para responder y pueden señalar el órgano correspondiente en el muñeco.

EL CUERPO HUMANO
DIEGO SAN MILLÁN RAMOS
CC Haypo

4º Primaria
Ciencias Naturales
4-6 sesiones

OBJETIVOS DE CONTENIDO

Investigar y presentar información sobre los sistemas del cuerpo humano.

OBJETIVOS LINGÜÍSTICOS

Describir los sistemas del cuerpo humano.

DESCRIPCIÓN

Introducción (5 minutos): el docente presenta el proyecto y explica la importancia de conocer los diferentes sistemas del cuerpo humano. Se organizan a los estudiantes en grupos, uno para cada sistema.

Investigación (1-2 clases): cada grupo trabaja en su sistema asignado. El docente proporciona una guía de investigación que incluye preguntas y frases iniciadas que los estudiantes deben completar. Por ejemplo, para el sistema circulatorio, la guía puede incluir: "*The main organ in the circulatory system is* ____". Esto ayuda a los estudiantes a estructurar la información que buscan.

Creación del proyecto (1-2 clases): los estudiantes utilizan Canva o PowerPoint para crear una presentación sobre su sistema del cuerpo. Se les permite modificar el documento compartido en modo colaborativo, de manera que todos contribuyan al mismo archivo. El docente supervisa y ofrece retroalimentación durante este proceso.

Montaje y revisión (1-2 clases): en clase, los grupos presentan sus proyectos y el docente proporciona retroalimentación sobre la información presentada, asegurándose de que se haya incluido el vocabulario adecuado y las estructuras correctas. Esto se realiza en un ambiente de aprendizaje colaborativo donde los estudiantes pueden hacer preguntas y discutir.

Entrega final (1 clase): una vez que los grupos han hecho las correcciones necesarias basadas en el *feedback*, el docente revisa el trabajo final y lo califica, destacando la calidad del contenido, la presentación y la colaboración en grupo.

OBJETIVOS DE CONTENIDO

Identificar las características de los minerales que se encuentran en la Tierra.

OBJETIVOS LINGÜÍSTICOS

Hacer preguntas sobre los minerales, utilizando expresiones y vocabulario específicos.

DESCRIPCIÓN

Introducción (10 minutos): el docente hace un repaso a las características de los minerales que ya se han introducido a través de un mapa conceptual. Después, se presenta el juego y se organiza a los estudiantes en parejas. Cada estudiante tiene un tablero creado previamente por el docente con imágenes y nombres de distintos minerales. Variación: se puede crear el tablero de juego en una plataforma digital como Genially y que los alumnos jueguen en tablets.

Desarrollo del juego (20 minutos): cada pareja tiene dos tableros (uno para cada estudiante) y un juego de cartas que contiene las mismas imágenes que el tablero. Cada estudiante coge una tarjeta, que corresponderá al mineral que tenga que adivinar su compañero. Por turnos, cada miembro de la pareja hace preguntas utilizando las estructuras *Does it have...?* O *Is it...?* Y el vocabulario específico que han visto en la unidad con las características de los minerales. Tienen que preguntar por su forma, brillo, dureza, densidad y color e ir eliminando de su tablero los minerales que no cumplan con esas características. Por ejemplo, el estudiante A pregunta *Is it matte?* Y el estudiante B responde *Yes, it is.* El estudiante A, entonces, tiene que eliminar aquellas imágenes de su tablero que contengan minerales que no sean mate. El docente va pasando de grupo en grupo, prestando atención a la pronunciación y al uso del vocabulario. Variación: para aquellos estudiantes que necesitan ampliación, se pueden incluir también rocas en los tableros del juego y, en este caso, tienen que identificar las características de las rocas, también.

Cierre (10 minutos): una vez finalizado el juego, el docente hace un repaso de los minerales (o minerales y rocas en caso de la ampliación) y sus características, mostrándoles ejemplos reales de minerales de su laboratorio.

EL SECRETO DE LA CORONA
MARÍA LUISA SEIQUER ROJO
IES Miguel Herrero Pereda

Diversos
niveles
Educación Física
1 sesión

OBJETIVOS DE CONTENIDO

Conocer la familia real, monumentos emblemáticos y tradiciones del Reino Unido.

Desarrollar habilidades colaborativas para resolver desafíos físicos y mentales.

OBJETIVOS LINGÜÍSTICOS

Dar instrucciones durante los retos.

Sugerir soluciones.

DESCRIPCIÓN

Cada clase participa en grupo para resolver el secreto de la corona y abrir el cofre que les otorgará la "eterna juventud". Se hará una clasificación según el equipo que lo logre más rápido.

Introducción (5 minutos): se presenta un vídeo donde la Reina Isabel II explica el desafío de encontrar el secreto de la corona mediante una serie de retos.

Reto 1: Formar la Corona (10 minutos): los estudiantes deben formar una corona con sus cuerpos en el menor tiempo posible, ganando puntos por rapidez y coordinación.

Reto 2: Árbol genealógico (15 minutos): los alumnos/as buscan fotos de miembros de la familia real escondidas en el pabellón y las organizan correctamente en un árbol genealógico, utilizando comodines para pedir ayuda en inglés si es necesario.

Reto 3: Construcción del Palacio de Buckingham (15 minutos): los estudiantes buscan piezas de LEGO escondidas en una zona delimitada con obstáculos. Mientras buscan, llevan antifaces y son guiados verbalmente en inglés por sus compañeros para encontrar las piezas necesarias. Una vez recolectadas, construyen juntos el Palacio de Buckingham.

Reto 4: Carrera de caballos (10 minutos): se organiza una carrera donde los estudiantes deben completar un circuito usando un compañero como "caballo". Se pueden agregar obstáculos para hacer la carrera más divertida y desafiante.

A medida que completan los retos, reciben números para abrir el candado del cofre.

Cierre (5 minutos): el grupo se reúne para abrir el cofre del tesoro. Dentro, descubren un mensaje de la Reina Isabel II y "caramelos mágicos" que simbolizan la eterna juventud.

CAJA DE TESOROS NATURALES
MARÍA PÉREZ LÓPEZ
CEIP Sardinero

3º primaria
Arts + STEAM
2 sesiones

OBJETIVOS DE CONTENIDO

Diferenciar entre "*living things*" y "*non-living things*".

Elaborar una representación artística relacionada con la naturaleza.

OBJETIVOS LINGÜÍSTICOS

Utilizar términos en inglés relacionados con la naturaleza y el medio ambiente.

Hacer preguntas sencillas en inglés durante la recolección.

Describir brevemente los objetos recolectados.

DESCRIPCIÓN

Introducción (20 minutos):

En clase, se explica en inglés el concepto de *living things* y *non-living things*. Se muestra una lista de ejemplos y se utiliza una breve canción o gesto para reforzar el vocabulario. La docente introduce la idea de una "caja de tesoros naturales" que se rellenará durante una salida al parque.

Recolección en el parque (40 minutos):

Los alumnos salen al parque con hueveras para recolectar objetos que consideren "tesoros naturales". Durante el recorrido, reciben instrucciones en inglés, como *Find something soft* o *Pick something round*. Cada alumno elige los objetos que más le llaman la atención, fomentando la autonomía. Si no saben cómo nombrar algo, pueden preguntar al docente o al auxiliar de conversación: *How do you say this in English?*

Actividad artística (1 hora):

De vuelta en el aula, los alumnos decoran la tapa de la huevera en la asignatura de *Arts*. Utilizan dibujos y colores para representar un elemento natural (p. ej., un árbol o una flor) relacionado con sus tesoros. Se les anima a explicar en inglés qué han dibujado y por qué eligieron esos objetos.

Cierre (10 minutos):

Cada grupo presenta su "caja de tesoros" al resto de la clase, utilizando frases simples en inglés para describir sus hallazgos. La docente y el auxiliar refuerzan el vocabulario aprendido y corrigen la pronunciación cuando es necesario.

ARCIMBOLDO'S FACES
LAURA BERMEJO RIVADULLA
CC San José Astillero

2º Primaria
Arts and Crafts
2 sesiones de 45 min.

OBJETIVOS DE CONTENIDO

Explorar las obras y la técnica del artista Giuseppe Arcimboldo.

Crear un retrato propio inspirado en la técnica de Arcimboldo usando recortes de revistas.

OBJETIVOS LINGÜÍSTICOS

Describir los elementos del retrato.

Formular y **responder** preguntas sobre las características del retrato

DESCRIPCIÓN

Nota previa: los estudiantes ya han aprendido en clases anteriores el vocabulario en inglés sobre frutas y verduras, lo que servirá como base para la actividad.

Sesión 1: Introducción y creación del retrato

Se introduce a Giuseppe Arcimboldo mostrando un vídeo (https://www.youtube.com/watch?v=hrHZL8pp--M) y ejemplos de sus obras, destacando cómo utilizaba frutas y verduras para crear retratos. Los estudiantes observan y responden en inglés a preguntas como *What do you see?* o *What is the nose made of?* A continuación, deben diseñar su propio retrato inspirado en el artista usando imágenes de revistas. Para elegir los materiales de cada parte del rostro (boca, nariz, mejillas, cejas y mentón), lanzan un dado cinco veces y seleccionan los elementos según una tabla. Por ejemplo, si sacan un tres para la boca, seleccionarán el kiwi, mientras que si sacan un cinco para las mejillas, utilizarán la remolacha. Durante el trabajo, el docente interactúa en inglés con preguntas como *What are you using for the mouth?* o *What is the face made of?*

Sesión 2: Presentación y exposición (45 minutos)

Una vez que todos los retratos están terminados, se organiza una pequeña exposición en el pasillo del colegio o en el aula, convirtiendo el espacio en un "pasillo museo". Cada alumno/a presenta brevemente su obra al grupo, utilizando frases descriptivas y respondiendo preguntas de sus compañeros como *What is the nose made of?*

4. Ejemplos para Educación Secundaria

OLYMPIC TRIVIAL
MARÍA LUISA SEIQUER ROJO
IES Miguel Herrero Pereda

Diversos
niveles
Educación Física
1 sesión

OBJETIVOS DE CONTENIDO	OBJETIVOS LINGÜÍSTICOS
Entender la historia y la importancia cultural de los Juegos Olímpicos.	**Aprender** y **utilizar** vocabulario específico de los Juegos Olímpicos. **Fomentar la expresión oral** en inglés mediante la interacción en grupos.

DESCRIPCIÓN

Se trata de una partida de Trivial en la que los alumnos resolverán diferentes tipos de pruebas relacionadas con los Juegos Olímpicos. Se juntan para jugar dos grupos de distintos niveles y se hacen equipos mixtos. El equipo que más pruebas supera, gana. Las preguntas se preparan en varios momentos: en Educación Física con la ayuda del auxiliar, en clases de inglés, en clases DNL.

Introducción (5 minutos): el docente presenta los Juegos Olímpicos, explicando su historia y significado. Se revisan algunas palabras y frases clave en inglés.

Organización de grupos (5 minutos): los estudiantes se agrupan en equipos mixtos que incluyen estudiantes de diferentes niveles, promoviendo la colaboración.

Competición de juego de tarjetas (30 minutos): cada grupo recibe un conjunto de tarjetas de las cuales algunas contienen preguntas sobre los Juegos Olímpicos y otras desafían a los estudiantes a realizar pruebas físicas (por ejemplo, *Name three Olympic sports* o *Do 10 jumping jacks*). Los estudiantes deben responder a las preguntas o completar las pruebas para ganar puntos para su equipo.

Clasificación y reflexiones (10 minutos): al finalizar, se clasifica a los equipos según los puntos obtenidos y se les entrega una pequeña recompensa (diploma o medallas de papel). Se pregunta a los estudiantes qué aprendieron sobre los deportes y las lenguas, fomentando una breve reflexión.

LANZAMIENTO DE HUEVO
ISMAEL DÍEZ CEBALLOS
IES La Albericia

3º ESO
Tecnología y
Digitalización
3 sesiones

OBJETIVOS DE CONTENIDO

Aplicar las fases de análisis, diseño, construcción y evaluación.

Evaluar y mejorar prototipos basándose en resultados reales.

OBJETIVOS LINGÜÍSTICOS

Describir, comparar, narrar y argumentar en inglés sobre los prototipos, colaborando en equipo.

DESCRIPCIÓN

Sesión 1: Planteamiento del reto y diseño

El docente presenta el desafío de diseñar una estructura que proteja un huevo al lanzarlo desde una azotea, introduciendo vocabulario técnico en inglés y conceptos de absorción de impactos. Los estudiantes, organizados en grupos, definen el problema, investigan soluciones mediante búsquedas en internet, debaten ideas utilizando frases modelo en inglés y elaboran bocetos innovadores etiquetando los materiales utilizados.

Sesión 2: Construcción del prototipo

En el taller, los grupos construyen sus prototipos siguiendo los bocetos diseñados previamente. Durante la construcción, fomentan la comunicación en inglés, sugieren cambios y resuelven problemas colaborativamente, asegurando que cada miembro participe activamente en el ensamblaje y ajuste de la estructura.

Sesión 3: Lanzamiento y evaluación del prototipo

El docente explica la dinámica de lanzamiento y evaluación. Los grupos presentan sus prototipos, los lanzan desde la azotea y observan los resultados, utilizando vocabulario técnico para describir el desempeño. Posteriormente, reflexionan en grupo sobre las observaciones, sugieren mejoras y preparan presentaciones en inglés. Finalmente, cada grupo presenta sus resultados, defendiendo sus decisiones de diseño y proponiendo mejoras, mientras el docente evalúa su uso del lenguaje y la claridad de las presentaciones. La sesión concluye con una discusión final sobre el aprendizaje obtenido durante el proceso.

EL PROCESO TECNOLÓGICO
ISMAEL DÍEZ CEBALLOS
IES La Albericia

3º ESO
Tecnología y
Digitalización
1 sesión

OBJETIVOS DE CONTENIDO

Comprender y aplicar las etapas de análisis, diseño, selección de materiales y evaluación para desarrollar prototipos.

OBJETIVOS LINGÜÍSTICOS

Describir, organizar y secuenciar el proceso tecnológico en inglés utilizando estructuras adecuadas.

DESCRIPCIÓN

Introducción (10 minutos): el docente presenta la actividad y el objetivo: organizar los pasos del proceso tecnológico utilizando las tarjetas *TEC Process Cards*. Por ejemplo:

ANALYSE THE PROBLEM OR NEED	SEARCH FOR POSSIBLE SOLUTIONS	DESIGN
It is essential to give an accurate description of the problem.	Draw possible variations from existing models to adapt them to the needs.	Decide the materials, techniques and finishes that you are going to use.
Think about the details required, the limitations and the restrictions.	Explore the possibility of using different shapes and materials.	Draw sketches, diagrams and plans for the chosen solution.

Organización de las tarjetas (25 minutos): en parejas, los estudiantes reciben un conjunto de tarjetas mezcladas y un tablero guía con las fases del proceso tecnológico. Discuten en inglés la colocación de cada tarjeta en el tablero, utilizando frases modelo. El docente circula para resolver dudas y reforzar el vocabulario.

Revisión y discusión (15 minutos): el docente lidera una revisión grupal donde las parejas justifican la ubicación de sus tarjetas. Se fomenta el debate para ajustar los pasos, utilizando conectores de causa y consecuencia.

Reflexión y cierre (10 minutos): cada pareja reflexiona sobre los pasos del proceso tecnológico y su aplicación en proyectos reales. Se asigna una breve tarea práctica: pensar en un objeto cotidiano y discutir qué pasos del proceso tecnológico podrían aplicarse para mejorarlo.

SEPARATION TECHNIQUES
ISABEL HERRERO LÓPEZ
IES Marqués de Santillana

3º ESO
Física y Química
2 sesiones

OBJETIVOS DE CONTENIDO

Explicar el proceso de separar una mezcla química.

OBJETIVOS LINGÜÍSTICOS

Describir un proceso usando el pasado simple y vocabulario específico.

DESCRIPCIÓN

Introducción (10 minutos): se explica la actividad: separar los elementos de una mezcla química y crear un vídeo en inglés que describa los procesos realizados.

Práctica en el laboratorio (20 minutos): los alumnos/as separan distintas mezclas químicas en el laboratorio, graban el proceso y toman notas en su diario de observación para utilizar en la descripción del vídeo.

Apoyo lingüístico (10 minutos): se proporciona un *writing frame* y un modelo de descripción que incluye vocabulario técnico (*beaker, flask, solute, solution*) y estructuras gramaticales (*first, then, finally*). Los estudiantes aprenden a organizar su discurso en inglés siguiendo una estructura lógica: objetivo, descripción del experimento y conclusión.

What material I am going to separate	Which apparatus I am going to use	Which actions I will do
NAME	NAMES	VERBS
Ink	Filter paper	To introduce
	Eluent	To place, to put
DESCRIPTION		
To separate the ink I am going to put a sample of the ink in the bottom part of a filter chromatography paper then I am going to put the filter paper in the eluent. The eluent will dissolve the different components of the ink and they will rise at different rates through the filter paper, so that they are separated.		

Redacción y ensayo (15 min): en clase de inglés, los alumnos redactan el guion de su vídeo utilizando el *writing frame* y los recursos proporcionados. Practican la presentación oral de su guion, asegurando la participación de todos los miembros del grupo.

Evaluación (10 minutos): el vídeo final se evalúa con una rúbrica que considera la estructura lógica, claridad de las ideas, precisión en la descripción del proceso y uso correcto del inglés. La profesora de inglés evalúa la parte lingüística, promoviendo la coordinación entre las asignaturas de Física y Química e Inglés.

LA DENSIDAD
MARTA SÁNCHEZ DE LA LAMA
IES La Albericia

2º ESO
Física y Química
1 sesión

OBJETIVOS DE CONTENIDO

Comprender qué es la densidad y cómo influye en la flotabilidad de los objetos.

Aplicar la fórmula de densidad en situaciones prácticas.

OBJETIVOS LINGÜÍSTICOS

Utilizar lenguaje funcional en inglés para describir relaciones físicas y comparar densidades.

Participar en discusiones y actividades en parejas, practicando la comunicación oral en inglés.

DESCRIPCIÓN

Introducción (10 minutos): la docente explica el objetivo del juego: calcular densidades y determinar qué objetos flotan o se hunden al compararlos. Introduce vocabulario clave en inglés como density, mass, volume, float y sink, mostrando ejemplos visuales en la pantalla.

Dinámica del juego (35 minutos): los estudiantes forman parejas o pequeños grupos y reciben un mazo de cartas con datos de masa, volumen o densidad. Algunas cartas requieren calcular la densidad antes de continuar. Las reglas del juego son:

- Comparar las densidades de dos objetos usando las cartas.

- Decidir cuál flotaría sobre cuál, basándose en los cálculos.

- Gana el jugador que acumula más "flotaciones" correctas.

La docente circula por la clase para resolver dudas y asegurar el uso correcto de las expresiones en inglés.

Cierre y reflexión (15 minutos): los estudiantes discuten los resultados y reflexionan sobre cómo la densidad afecta la flotabilidad. La docente guía la conversación con preguntas como:

Why do you think this object floats?

How do mass and volume influence density?

SIMULACIÓN SOBRE ISÓTOPOS
MARTA SÁNCHEZ DE LA LAMA
IES La Albericia

2º ESO
Física y Química
1 sesión

OBJETIVOS DE CONTENIDO

Identificar las partículas subatómicas principales y sus características.

Comprender cómo el número de neutrones influye en la estabilidad nuclear y la formación de isótopos.

Calcular la masa promedio de un elemento utilizando la abundancia relativa de sus isótopos.

OBJETIVOS LINGÜÍSTICOS

Comparar isótopos en términos de estabilidad y masa atómica usando comparativos y superlativos en inglés.

DESCRIPCIÓN

Introducción (10 minutos): la docente introduce el concepto de isótopos en inglés y proyecta una simulación interactiva que muestra cómo los isótopos afectan la masa atómica. Explica la relación entre protones, neutrones y estabilidad nuclear, enfatizando el vocabulario clave.

Actividad interactiva (30 minutos): en parejas, los estudiantes utilizan Chromebooks para acceder a la simulación de PHET (https://phet.colorado.edu/en/simulations/isotopes-and-atomic-mass). Crean diferentes átomos ajustando protones, neutrones y electrones para explorar la estabilidad. Después investigan los isótopos de un elemento específico, observando sus masas y abundancias relativas, y calculan la masa atómica promedio utilizando la fórmula de media ponderada.

Cierre (10 minutos): los estudiantes discuten en parejas qué isótopos fueron más estables y por qué. Comparten sus observaciones con la clase utilizando vocabulario técnico en inglés, apoyándose en frases modelo proporcionadas por la profesora. Por ejemplo:

I observed that stable atoms have a balance between __ and __.

The isotope with a higher abundance contributes more to the __.

I think this isotope is more common because __

PROYECTO METEOESCUELA
MARTA SÁNCHEZ DE LA LAMA
IES La Albericia

2º ESO
Física y Química
Anual

OBJETIVOS DE CONTENIDO

Recolectar y analizar datos meteorológicos.

Comprender precipitaciones, temperaturas máximas y mínimas, y presión atmosférica.

Relacionar eventos meteorológicos locales con fenómenos globales.

OBJETIVOS LINGÜÍSTICOS

Describir datos meteorológicos utilizando vocabulario específico en inglés.

Presentar informes orales y escritos sobre análisis meteorológicos.

DESCRIPCIÓN

El proyecto Meteoescuela, desarrollado en colaboración con la AEMET, se integra diariamente en el aula para introducir conceptos meteorológicos mediante observación, análisis de datos y conexión con fenómenos actuales. Se organiza en tres fases recurrentes:

Fase 1: Observación y registro diario (10-15 minutos)

Cada día, los estudiantes, en equipos rotativos, observan y registran datos meteorológicos como precipitación, temperatura máxima y mínima, y fenómenos observados. Utilizan instrumentos de la estación meteorológica del centro y anotan los datos en hojas de cálculo, comparándolos con las predicciones locales y discutiendo las variaciones climáticas.

Fase 2: Análisis semanal (50 minutos)

Una vez por semana, los estudiantes revisan los datos recolectados, crean gráficos para representar las tendencias de la semana y analizan patrones comparando con semanas anteriores. Discuten en grupos cómo estos datos se relacionan con fenómenos meteorológicos actuales y preparan resúmenes breves en inglés sobre sus observaciones y análisis.

Fase 3: Cierre mensual y presentación (50 minutos)

Mensualmente, los estudiantes consolidan los datos del mes en gráficos acumulativos y preparan presentaciones en inglés sobre las tendencias climáticas observadas. Cada grupo presenta sus conclusiones, incluyendo gráficos y reflexiones sobre los cambios climáticos, utilizando frases modelo proporcionadas por la docente.

5. Ejemplos para Formación Profesional

BÚSQUEDA EN AMAZON UK
JOSÉ MANUEL ALCALDE ADÁN
IES Fuente Fresnedo

2º GM
Sistemas
Auxiliares de
Motor (SAM)
55 min.

OBJETIVOS DE CONTENIDO	OBJETIVOS LINGÜÍSTICOS
Comprender el funcionamiento de una bomba de combustible y sus periféricos de activación.	**Practicar** vocabulario específico sobre las características, las piezas y el funcionamiento de una bomba de combustible y cálculo de caudales (Reglas de tres).

DESCRIPCIÓN

Introducción (5 minutos): el docente explica la actividad que consiste en una investigación en línea y una aplicación práctica en el taller. Los estudiantes deberán buscar una bomba de combustible para vehículos en la página de Amazon del Reino Unido y prestar atención a las características del producto. Luego, usarán esta información para una instalación en el taller.

Investigación (20 minutos): los estudiantes entran en la página de Amazon UK y buscan diferentes modelos de bombas de combustible para vehículos. Deben fijarse en:

- el vocabulario utilizado en las descripciones de las bombas.

- las especificaciones técnicas (caudales por minuto, compatibilidad, materiales).

- comparar características entre diferentes modelos (precio, descuentos, valoraciones).

Aplicación práctica en el taller (30 minutos): con la información obtenida en la página en inglés, los alumnos montan una bomba de combustible con un relé, miden el caudal que sale durante un minuto y comparan los resultados con los datos previamente buscados en Amazon UK. A continuación, discuten si los datos obtenidos coinciden con las especificaciones y si hubo diferencias, identificando posibles causas (ej.: variaciones en la instalación o el estado del equipo).

Cierre y reflexión (5 minutos): los estudiantes comparten los resultados de la comparación entre las especificaciones de Amazon y sus mediciones en el taller. Se analiza la importancia de entender descripciones técnicas y cómo esta comprensión se traduce en una instalación correcta y segura en el taller.

FREE TOUR
EVA M. ALVIZ BENAVIDES
IES Peñacastillo

2º GS
Servicios de
Información
Turística
4 sesiones

OBJETIVOS DE CONTENIDO

Comprender la recuperación de espacios del mar en Santander y su impacto en la ciudad.

Desarrollar habilidades de guía turística y **utilizar mapas** para planificar rutas.

OBJETIVOS LINGÜÍSTICOS

Narrar la historia de los lugares visitados.

Describir detalles de puntos turísticos.

Explicar causas y efectos de los cambios geográficos.

DESCRIPCIÓN

En este proyecto titulado "Santander: recuerdos que se llevó el mar", los estudiantes asumirán el rol de guías turísticos para presentar la ciudad de Santander, centrándose en las áreas que han sido recuperadas del mar. El proyecto culminará con la realización de un *free tour*, donde los alumnos presentarán sus conocimientos y guiarán a otros en un recorrido informativo.

Sesión 1: Contextualización y teoría (40 min): la docente presenta la relación histórica de Santander con el mar, destacando áreas recuperadas como Jardines de Pereda, Centro Botín y Puerto Chico. Introduce vocabulario clave en inglés y divide la clase en grupos, asignando a cada uno una zona específica. Los estudiantes investigan y analizan la historia y el uso actual de su área asignada.

Sesión 2: Creación y ensayo del guion (45 min): los grupos redactan guiones en inglés para la parada que se les ha asignado en el *free tour*, utilizando vocabulario técnico y estructuras discursivas aprendidas. Practican la presentación, asignando roles para asegurar la participación de todos los miembros del grupo.

Sesión 3: Desarrollo del *Free Tour* (55 min): los grupos presentan su parada asignada, describiendo la historia, los cambios geográficos y el uso actual de la zona en inglés. Interactúan con los asistentes mediante preguntas preparadas. El tour se realiza en las zonas reales de Santander o, si no es posible, mediante una simulación en el instituto utilizando recursos visuales.

Sesión 4: Reflexión y mejora del *Free Tour* (40 min): después del tour, los estudiantes reflexionan sobre su desempeño individual y grupal, identificando fortalezas y áreas de mejora.

6. Recursos didácticos en línea

En este apartado se presentan diversas páginas y plataformas en línea diseñadas para apoyar a los profesores que imparten en programas de educación plurilingüe. Estos recursos ofrecen herramientas prácticas para enriquecer las clases, facilitar la enseñanza de contenidos en una lengua extranjera y adaptar materiales a las necesidades del alumnado, promoviendo un aprendizaje más dinámico y efectivo.

INSTITUTO NACIONAL DE TECNOLOGÍAS EDUCATIVAS Y DE FORMACIÓN DEL PROFESORADO (INTEF)

https://formacion.intef.es/tutorizados_2013_2019/pluginfile.php/52901/mod_imscp/content/2/materiales_y_recursos_especficos_aicle.html

Esta página incluye un apartado específico con recursos educativos en abierto AICLE y enlaces a ejemplos de actividades para algunas asignaturas. En la página principal de INTEF, además, se puede utilizar el buscador de recursos interactivos utilizando la palabra "AICLE".

CLILSTORE

https://clilstore.eu/clilstore/

Es una plataforma en línea diseñada para apoyar el aprendizaje integrado de contenido y lengua (CLIL, por sus siglas en inglés: *Content and Language Integrated Learning*). Esta herramienta permite a los profesores crear, compartir y utilizar unidades didácticas multimedia interactivas en las que los estudiantes pueden trabajar con contenido educativo en un idioma extranjero.

CENTRO NACIONAL DE DESARROLLO CURRICULAR EN SISTEMAS NO PROPIETARIOS (CEDEC)

https://cedec.intef.es/7-recursos-para-trabajar-aicle-en-la-materia-de-science-en-primaria/

Esta página web incluye siete recursos en abierto para trabajar la materia de *Science* en primaria, como resultado del proyecto EDIA.

GOBIERNO DE CANARIAS

https://www3.gobiernodecanarias.org/medusa/ecoescuela/recursosdigitales/category/temas/0601/060101/

En esta web se incluyen algunas ideas para trabajar AICLE en distintas áreas con recursos y actividades en inglés y en francés.

EDUCAMADRID - RECURSOS BILINGÜES

https://www.educa2.madrid.org/web/aicole/inicio

Se trata del portal de educación de la Comunidad de Madrid que cuenta con recursos bilingües AICLE para distintas asignaturas y niveles educativos.

EDUCAREX

https://www.educarex.es/plurilingulsmo/recursos-aicle-20170727-103147.html

Se trata del portal educativo de la Junta de Extremadura con información y recursos AICLE.

JUNTA DE ANDALUCÍA - AICLE

https://www.juntadeandalucia.es/educacion/descargas/recursos/aicle/html/inicio.html

Portal oficial de la Junta de Andalucía con recursos, estrategias y secuencias didácticas, tanto para primaria como para secundaria, de distintas asignaturas.

Esta web del Centro Europeo de Lenguas Modernas, presenta un kit de formación para gestionar la diversidad en el aula combinando enfoques plurilingües y pluriculturales en enseñanza basada en contenidos, con ejemplos de actividades prácticas que se pueden aplicar a distintas áreas.

ONE STOP ENGLISH - CLIL
https://www.onestopenglish.com/

Es una plataforma del grupo MacMillan Education que ofrece recursos tanto en abierto como de pago, para primaria (children) o secundaria (teenagers).

SANTILLANA - CLIL
https://santillana.es/clil/

En esta web de la editorial Santilla se ofrecen ejemplos de libros de texto AICLE para distintas asignaturas y etapas, y ofrece un amplio catálogo de libros de texto.

KAGAN ONLINE
https://www.kaganonline.com/

Es una plataforma que ofrece recursos, estrategias y formación basados en las estructuras de aprendizaje cooperativo de Kagan (*Kagan Cooperative Learning*). Estas estrategias están diseñadas para promover la participación activa de los estudiantes, mejorar el aprendizaje y fomentar habilidades sociales en el aula.

FACTWorld
https://www.factworld.info/

Es una red internacional dedicada al intercambio de ideas, recursos y buenas prácticas en la enseñanza AICLE.

TEACHERS PAY TEACHERS
https://www.teacherspayteachers.com/browse?search=clil

Es una de las comunidades de intercambio de recursos más grandes y populares para materiales educativos e incluye un amplio catálogo de recursos AICLE de pago.

CLIL CONNECTS
https://www.clilconnects.com/

Es una página de recursos y actividades AICLE para distintas materias de educación secundaria.

BILINGUALISM IN MONOLIGUAL CONTEXTS - BiMo PROJECT
https://bimo.pixel-online.org/gp_MOOCs.php

Es la página de BiMo, proyecto financiado por Eramus+ y en el que colaboraron centros españoles, incluido el IES Marqués de Santillana y europeos con la Universidad Internacional de Educación a Distancia. Dentro de los resultados del proyecto, se incluyen vídeos llamados *case studies* con ejemplos de actividades prácticas AICLE. También se incluyen una serie de MOOCs (*Massive Online Open Courses*) relacionados con aspectos de la enseñanza bilingüe para profesores, familias y centros.

7. Programas de formación y redes de apoyo

Hoy en día existen distintos programas tanto nacionales como internacionales que permiten al profesorado y, en muchos casos también al alumnado, participar en experiencias formativas relacionadas con el desarrollo de proyectos interdisciplinares, y la colaboración entre distintos centros educativos e, incluso, países. Además, la Consejería de Educación, Formación Profesional y Universidades de Cantabria ha puesto en marcha un programa de visitas intercentros (VISITA) en el que se promueve el intercambio de buenas prácticas entre centros de la región. En esta sección, explicaremos en qué consisten estos programas y las oportunidades de colaboración que existen en la actualidad.

Figura 28. Importancia de los programas de formación y redes de apoyo para docentes AICLE.

7.1. Programa VISITA (Visitas Intercentros en Sesiones de Intercambio, Transferencia y Asesoramiento)

El Programa VISITA es una iniciativa de la Consejería de Educación, Formación Profesional y Universidades de Cantabria, destinada a promover el intercambio de buenas prácticas educativas entre docentes de centros educativos sostenidos con fondos públicos. Este programa tiene como objetivo mejorar la calidad de los programas de educación bilingüe/plurilingüe mediante la observación directa de sesiones lectivas en otros centros de la región, así como fomentar la colaboración y el aprendizaje entre iguales.

El programa está regulado por la Resolución del 15 de enero de 2024 (Consejería de Educación, Formación Profesional y Universidades, 2024), que convoca al personal docente de los centros de la Comunidad Autónoma de Cantabria a participar en el Programa VISITA. Esta convocatoria se enmarca en el contexto de la Ley Orgánica 2/2006, de 3 de mayo, de Educación, que enfatiza la importancia de la comunicación en lenguas extranjeras, y la Ley 6/2008, de 26 de diciembre, de Educación de Cantabria, que promueve la educación plurilingüe como un eje central para el desarrollo de la competencia comunicativa.

El principal propósito del Programa VISITA es impulsar el desarrollo profesional docente a través de la observación de las prácticas pedagógicas de otros colegas. Se busca fomentar el intercambio de estrategias didácticas exitosas, mejorar la calidad de la enseñanza en programas bilingües, y consolidar una comunidad educativa comprometida con el plurilingüismo. Esto se realiza mediante la observación directa de clases, seguida de sesiones de reflexión e intercambio de ideas entre los docentes participantes.

El Programa VISITA está dirigido al personal docente de centros educativos de la Comunidad Autónoma de Cantabria que estén sostenidos con fondos públicos y que estén autorizados para impartir un programa de educación bilingüe. Esto incluye a profesores que enseñan tanto lenguas extranjeras como disciplinas no lingüísticas dentro de dichos programas. Existen dos formas de participar en el Programa VISITA:

1. **Como anfitrión:** los docentes de los centros anfitriones reciben a otros profesores en sus clases para compartir experiencias de éxito y buenas prácticas. Estas experiencias pueden estar centradas en áreas como la atención a la diversidad, metodología específica (AICLE o similar), aprendizaje por proyectos, actividades de internacionalización (como Erasmus+), entre otras.

2. **Como observador:** los docentes observadores visitan otros centros para conocer de primera mano metodologías y estrategias que les interesen. Posteriormente, se espera que implementen las estrategias observadas en sus propias aulas y las compartan con su comunidad educativa.

Para participar en el Programa VISITA, los docentes deben presentar una solicitud. Esta puede ser para la modalidad de anfitrión o de observador, o ambas. Las solicitudes deben ser aprobadas por el Claustro de cada centro y presentarse a través del formulario habilitado para este fin en la web del Gobierno de Cantabria. El plazo para la presentación es de quince días hábiles desde la publicación de la convocatoria en el Boletín Oficial de Cantabria.

Una vez aceptadas las solicitudes, las visitas se organizan en una jornada única, aunque algunos centros pueden recibir más de una visita en días diferentes. Las visitas están coordinadas por la Unidad Técnica de Calidad Educativa, que asegura que la experiencia formativa no interfiera con el normal funcionamiento de los centros.

Actualmente, la participación en el Programa VISITA tiene reconocimiento oficial. Los docentes anfitriones reciben una certificación por cada sesión en la que participan, mientras que los observadores obtienen créditos de formación. Además, el impacto de este programa se evalúa de manera experimental, con el objetivo de valorar su extensión a otros ámbitos educativos en el futuro.

Así pues, el Programa VISITA representa una oportunidad para los docentes de Cantabria de mejorar sus competencias profesionales, compartir conocimientos, y fortalecer la red de colaboración dentro de la comunidad educativa. A través de este intercambio, se busca enriquecer la enseñanza plurilingüe y contribuir al desarrollo de una educación más inclusiva y de calidad.

7.2. Etwinning

Etwinning es una iniciativa educativa de la Comisión Europea creada para la colaboración y el hermanamiento de varios centros a nivel europeo, sean de un mismo país o de varios países europeos. Sus principales objetivos son fomentar en el alumnado y el profesorado el trabajo colaborativo, el desarrollo de las competencias clave, el uso de las TIC, la mejora de las lenguas extranjeras y los valores europeos.

Se trata de una gran herramienta de internalización tanto para los profesores que enseñan idiomas y contenido en una lengua extranjera, como para los que buscan desarrollar proyectos internacionales sobre una materia o tema concreto.

Para comenzar a usar eTwinning, el primer paso es registrar tu nombre y correo electrónico de educativo de tu comunidad autónoma dentro de la plataforma de educación escolar. El segundo paso es esperar a que el representante de tu comunidad autónoma confirme con el director de tu centro que eres profesor/a en activo. Una vez confirmado como profesor/a, tendrás acceso para confirmar el perfil de tu centro educativo y el tipo de proyectos que pretendes llevar a cabo. Dentro de eTwinning puedes encontrar formación y desarrollo profesional, grupos en línea para debatir temas, proyectos colaborativos para conectar tu clase con otros centros europeos, y apoyo integral de profesores experimentados y embajadores nacionales eTwinning.

Etwinning también es un primer paso para los centros que pretenden desarrollar proyectos Erasmus+ en sus centros en próximos cursos, ya que les permite comunicarse y colaborar de forma online con docentes, alumnos y centros de otros países, con los que posteriormente podrían trabajar de forma presencial en las movilidades de proyectos Erasmus +.

Se puede encontrar más información sobre el programa eTwinning en la nueva plataforma europea de educación escolar https://school-education.ec.europa.eu/en/etwinning

7.2.1. Proyectos eTwinning en el IES Cantabria

El IES Cantabria de Santander cuenta con una amplia trayectoria en la plataforma eTwinning, en la que participa desde el curso 2008-2009. Durante estos años, ha desarrollado numerosos proyectos transnacionales en colaboración con centros educativos europeos, destacando por la calidad y la innovación de sus propuestas. Esta labor ha sido reconocida con el **Sello de Calidad Nacional** y el **Sello de Calidad Europeo** en múltiples ocasiones, consolidando al centro como un referente en buenas prácticas.

Desde el 15 de marzo de 2019, el IES Cantabria es reconocido como **Centro eTwinning**, un logro renovado en 2023 que acredita su compromiso con la educación colaborativa, el uso seguro de internet y la formación continua del profesorado.

Proyectos realizados

El profesorado de diversos departamentos del IES Cantabria ha liderado y desarrollado proyectos eTwinning de gran interés, implicando activamente al alumnado en procesos de aprendizaje basados en la colaboración y el intercambio cultural. En 2022, el centro se distinguió a nivel europeo al recibir el **Premio Europeo 2002** en la categoría 16-19 años por su proyecto **eTW-T-R-A-I-N** siendo el único centro de España en lograr este reconocimiento. Este proyecto, que obtuvo más de dos sellos de calidad, involucró a los grupos de Filosofía de 1º de Bachillerato y al Grupo de Valores Éticos de 4ºA de ESO, participando centros de España, Polonia, Portugal, República Checa, Austria, Hungría, Italia, Croacia, Grecia y Bélgica, así como de Francia, Alemania, Rumanía y Ucrania. En 2023, el centro fue galardonado con el **Premio Nacional** por su proyecto *I Have a Dream* en la categoría de Bachillerato, destacando el excelente trabajo de los **grupos de Filosofía e Inglés de 1º de Bachillerato**. Este proyecto, desarrollado entre 2020 y 2021, contó con la participación de centros educativos de Polonia, España, Austria, Portugal, República Checa, Italia, Grecia, Croacia y Turquía.

Cada año participan en varios proyectos. Entre los más recientes destacan dos que recibieron reconocimiento nacional y europeo.

Mens sana et corpore sano: obtuvo Sello Nacional.

- Participantes: Grupo de Educación en valores cívicos y éticos y el Grupo de Robótica de 3ºC ESO-Div.

- Países socios: España, Francia e Italia.

- Descripción: un proyecto que combina el bienestar físico y mental con la innovación tecnológica, promoviendo la importancia de mantener un equilibrio entre cuerpo y mente en un contexto de aprendizaje colaborativo.

¡A por el 3! Salud y bienestar para tod@s: obtuvo sello de calidad europeo.

- Participantes: Grupo de Psicología de 2º de Bachillerato.

- Países socios: España e Italia.

- Descripción: centrado en la promoción de la salud mental y el bienestar, este proyecto fomenta estrategias para mejorar la calidad de vida en un contexto escolar, integrando conceptos psicológicos con actividades prácticas.

Estos proyectos reflejan el compromiso del IES Cantabria con la innovación pedagógica y la internacionalización, convirtiéndose en un modelo de buenas prácticas dentro de la comunidad eTwinning.

7.3. Erasmus+

Erasmus+ es el programa de la UE que fomenta la mejora de la educación, formación, juventud y deporte en Europa. Cuenta con un presupuesto de más de 26.000 millones de euros y durante el periodo 2021-2027 está centrado en las prioridades de la inclusión social, la transición ecológica, la transición digital y la participación de los jóvenes en la democracia.

Erasmus + ofrece movilidades y cooperación en la educación escolar (infantil, primaria, y secundaria), formación profesional, educación de adultos y educación superior universitaria. En cada país hay una agencia nacional que selecciona, coordina y evalúa los proyectos erasmus plus. En España, esta labor la lleva a cabo el SEPIE (Servicio español para la internalización de la educación) www.sepie.es

Dentro de la sección de Educación Escolar de Educación infantil, primaria y secundaria, hay dos grandes grupos de proyectos, los KA1 que son proyectos llevados a cabo por centros educativos a nivel individual, y los KA2, que son proyectos diseñados y coordinados por asociaciones de varios centros.

Dentro de los programas KA1, los centros que pretenden conseguir un primer proyecto Erasmus suelen comenzar por enviar una solicitud para un KA-122, que es un proyecto de corta duración para la movilidad de alumnado y personal. Como segundo paso, recomendado solo para centros que tienen experiencia en proyectos Erasmus con ambición de internacionalización más profunda, estaría la solicitud de Acreditación erasmus KA-120, que implicaría financiación y movilidades para varios cursos. Solo los centros ya acreditados pueden enviar la solicitud KA-121, que es un plan específico de financiación y movilidades para centros acreditados.

Por otro lado, dentro del grupo de proyectos KA2 desarrollados a través de alianzas entre centros educativos, hay dos subgrupos: los proyectos KA210 que son asociaciones a pequeña escala entre varios centros, y, por último, los proyectos KA-220 que son asociaciones de cooperación. Ambos tipos de proyectos están destinados a centros con experiencia en proyectos europeos y que comparten necesidades y proyectos comunes entre ellos. Si bien los programas Erasmus están dirigidos desde las agencias nacionales de cada país, también las consejerías de educación de las comunidades autónomas españolas ofrecen asesoramiento y ayuda a los centros sobre estos programas.

Figura 29. Erasmus + Educación Escolar. Fuente: Educantabria.

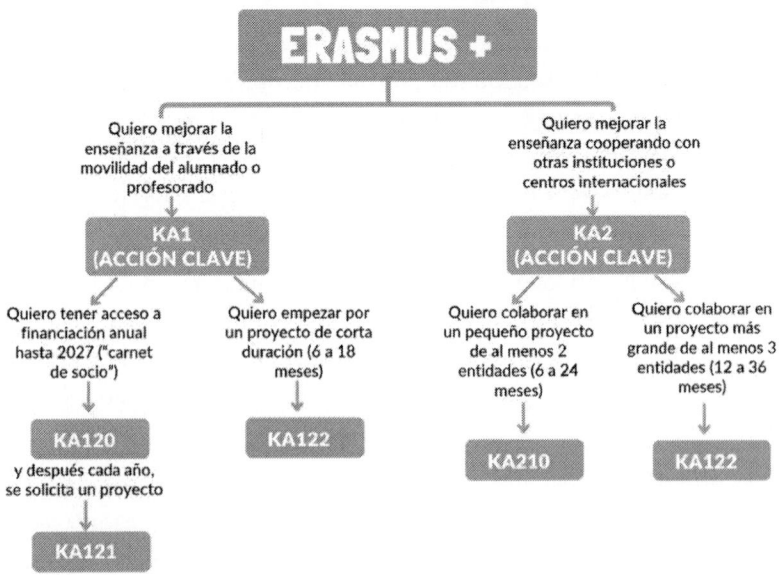

7.3.1. El programa Erasmus+ en el IES Cantabria

El IES Cantabria cuenta con la Carta Erasmus para la Educación Superior (ECHE) 2021-2027, lo que le permite participar en proyectos de movilidad y cooperación a nivel europeo. El centro tiene una larga trayectoria como participante en el programa Erasmus +. Actualmente, participa con el proyecto **EcoConnect: Fostering EcoLiteracy for a Sustainable Future,** diseñado para abordar el desafío global del cambio climático y equipar a los estudiantes con habilidades ecológicas esenciales. Este proyecto representa el compromiso del centro con la sostenibilidad, la innovación educativa y la colaboración internacional y contribuye a reforzar los principios de sostenibilidad, alfabetización ecológica (*ecoliteracy*) y competencias digitales.

El proyecto aborda la emergencia climática desde una perspectiva educativa, con **objetivos SMART:**

Figura 30. Objetivos SMART del proyecto EcoConnect del IES Cantabria.

PECIFIC (ESPECÍFICOS)

A través de resultados concretos como la creación de herramientas digitales y outputs educativos.

EASUREABLE (MEDIBLES)

A través de resultados concretos como la creación de herramientas digitales y productos o *outputs* educativos.

TTAINABLE (ALCANZABLES)

Mediante actividades planificadas con socios internacionales.

ELEVANT (RELEVANTES)

Alineados con los Objetivos de Desarrollo Sostenible (ODS).

IME-BOUND (LIMITADOS EN EL TIEMPO)

Con plazos claros para las actividades y la generación de resultados.

Resultados principales del Proyecto

El proyecto incluye cinco productos principales diseñados para transformar el aprendizaje ecológico y fomentar la cooperación internacional:

Figura 31. Resultados del proyecto EcoConnect del IES Cantabria.

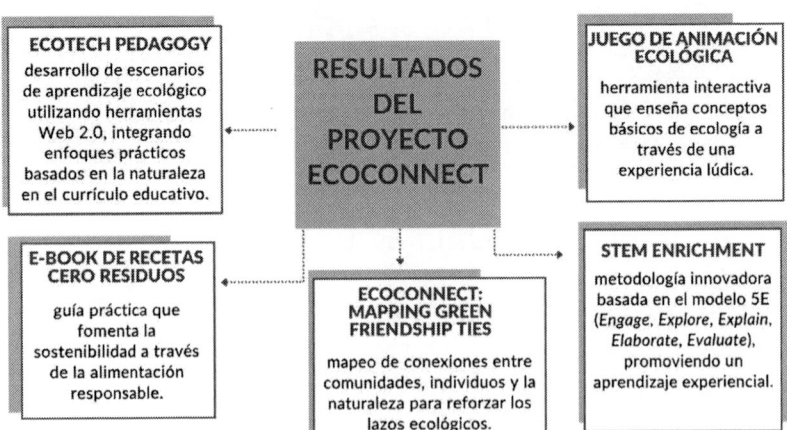

El proyecto EcoConnect incluye las siguientes **actividades de movilidad:**

Figura 32. Actividades de movilidad del proyecto EcoConnect del IES Cantabria.

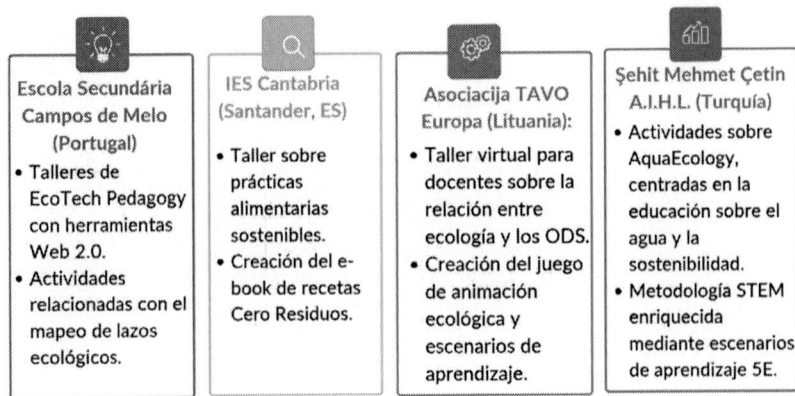

Impacto educativo

El proyecto busca transformar el aprendizaje y fomentar competencias clave:

- **Ecoalfabetización:** los participantes adquieren conocimientos y habilidades para comprender y abordar problemas ambientales complejos.
- **Competencias digitales:** desarrollo de destrezas tecnológicas a través del uso de herramientas digitales avanzadas.
- **Cooperación internacional:** fomento de la amistad y el entendimiento cultural entre estudiantes y docentes de diferentes países.
- **Innovación educativa:** integración de metodologías STEM y modelos de aprendizaje experiencial en los planes de estudio.

El proyecto está documentado y actualizado en su página web oficial: EcoConnect Erasmus Project. Este sitio incluye actividades, materiales educativos y resultados alcanzados.

7.4. Global classrooms

El programa *Global Classrooms* es una iniciativa educativa internacional inspirada en el modelo de debates de las Naciones Unidas (ONU). Su objetivo es llevar la experiencia de una Asamblea General al ámbito escolar, fomentando competencias clave como el pensamiento crítico, la investigación, la resolución de conflictos y la oratoria en inglés. Este programa se alinea con los Objetivos de Desarrollo Sostenible (ODS) y busca sensibilizar a los estudiantes sobre problemáticas globales como el cambio climático, la pobreza y los derechos humanos, promoviendo una ciudadanía activa y responsable.

7.4.1. Global classrooms en el IES Valle del Saja (Cabezón de la Sal)

Un ejemplo de implementación de este programa se encuentra en el IES Valle del Saja (Cantabria), donde forma parte del itinerario bilingüe para fortalecer las competencias lingüísticas y sociales de los estudiantes de 2º, 3º y 4º de ESO. Su estructura clara y bien definida busca maximizar el aprendizaje y la participación estudiantil, como se detalla a continuación:

Figura 33. Organización Global Classrooms en el IES Valle del Saja.

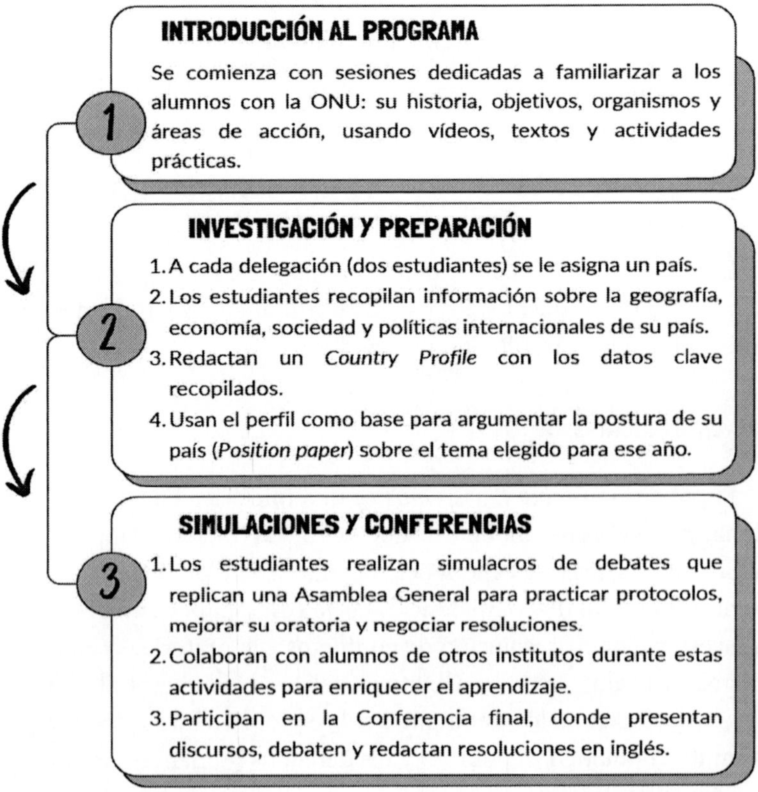

INTRODUCCIÓN AL PROGRAMA

1 Se comienza con sesiones dedicadas a familiarizar a los alumnos con la ONU: su historia, objetivos, organismos y áreas de acción, usando vídeos, textos y actividades prácticas.

INVESTIGACIÓN Y PREPARACIÓN

2 1. A cada delegación (dos estudiantes) se le asigna un país.
2. Los estudiantes recopilan información sobre la geografía, economía, sociedad y políticas internacionales de su país.
3. Redactan un *Country Profile* con los datos clave recopilados.
4. Usan el perfil como base para argumentar la postura de su país (*Position paper*) sobre el tema elegido para ese año.

SIMULACIONES Y CONFERENCIAS

3 1. Los estudiantes realizan simulacros de debates que replican una Asamblea General para practicar protocolos, mejorar su oratoria y negociar resoluciones.
2. Colaboran con alumnos de otros institutos durante estas actividades para enriquecer el aprendizaje.
3. Participan en la Conferencia final, donde presentan discursos, debaten y redactan resoluciones en inglés.

Temporalización:

El programa se organiza en torno a un esquema anual que guía el progreso de los estudiantes. La planificación incluye:

Fase 1: Las Naciones Unidas

→ TAREA 1: Introducción a la historia de la ONU

→ TAREA 2: Introducción a los objetivos de la ONU

→ TAREA 3: Introducción a la organización y distintos organismos de la ONU

Fase 2: Los Objetivos de Desarrollo Sostenible

→ TAREA 4: Introducción a los Objetivos del Milenio (MDGs)

→ TAREA 5: Introducción a los Objetivos de Desarrollo Sostenible

→ TAREA 6: Familiarización con los contenidos específicos de cada objetivo

Fase 3: Introducción a países asignados

→ TAREA 7: Familiarización por delegaciones de un país en concreto

→ TAREA 8: Exposición por delegaciones del país asignado

→ TAREA 9: Familiarización con la situación mundial

Fase 4: Introducción al comité asignado

→ TAREA 10: Conocer la historia, organización y funciones del comité asignado

Fase 5: Introducción al tema del curso

→ TAREA 11: nivel general con el tema

Fase 6: Aplicación del tema en los diferentes países

→ TAREA 12: Investigación

→ TAREA 13: Primer borrador de los POSITION PAPERS

Fase 1: Aplicación del tema en los diferentes países

→ TAREA 1: Versiones definitivas de los POSITION PAPERS

Fase 2: Discurso de cada delegación

→ TAREA 2 : Resumir ideas principales del POSITION PAPER

→ TAREA 3: Elaborar la versión escrita definitiva del discurso

→ TAREA 4: Práctica y mecanizado de las habilidades del orador

Fase 3: Protocolos y procedimientos de los debates

→ TAREA 5: Práctica oral de los diferentes protocolos de los debates

→ TAREA 6: Práctica de evaluación y reflexión sobre las actuaciones de compañeros

→ TAREA 7: Identificación de los puntos clave tratados en los debates moderados

→ TAREA 8: Conexión entre los temas debatidos y la situación en cada país

→ TAREA 9: Conexión entre los distintos o subtemas tratados en los debates

→ TAREA 10: Identificación de los países con los que se pueden llegar a acuerdos

Fase 4: Resoluciones

→ TAREA 11: Familiarización con el formato de una resolución

→ TAREA 12: Familiarización con el vocabulario propio de las resoluciones

→ TAREA 13: Formulación de la propuesta de resolución individual de cada país

→ TAREA 14: Familiarización con las enmiendas a las resoluciones

Fase 5: Preparación de la conferencia

→ TAREA 15: Simulacro de las fórmulas y protocolos del debate

→ TAREA 16: Simulacro de cada una de las fases de la conferencia

Fase 6: Valoración final

→ TAREAS 17 y 18: Autoevaluación y evaluación entre iguales

→ TAREA 19: Evaluación del proceso de enseñanza y aprendizaje

Fase 1: Recogida de las ideas más significativas comentadas en la valoración final de la primera parte del proyecto

→ TAREA 1: Análisis de la valoración de la primera parte del proyecto

→ TAREA 2: Tormenta de ideas para la campaña

Fase 2: Selección de ideas clave para la campaña de sensibilización e información

→ TAREA 3: Presentación de las ideas más populares

→ TAREA 4: Defensa y debate sobre las ideas más populares

→ TAREA 5: Votación de las ideas más populares

Fase 3: Decisión de los diferentes formatos que se van a utilizar en la campaña

→ TAREA 6: Búsqueda y puesta en común de campañas en medios de com.

→ TAREA 7: Análisis de las campañas: por qué gustan, eficacia, viabilidad, etc.

Fase 4: Reparto de los distintos formatos y enfoques de la campaña

→ TAREA 8: Reparto y formación de equipos de trabajo

Fase 5: Desarrollo y elaboración de la campaña en clase

→ TAREA 9: Materialización del producto por cada equipo de trabajo

Fase 6: Implementación de la campaña

→ TAREA 10: Divulgación de la campaña en el centro

Fase 7: Valoración final

→ TAREA 11: Autoevaluación

→ TAREA 12: Evaluación entre iguales

→ TAREA 13: Evaluación del proceso de enseñanza y aprendizaje

Fuente: IES Valle del Saja

Preparación y revisión:

En el IES Valle del Saja, la preparación de los estudiantes para el programa *Global Classrooms* se organiza como un proceso constante de investigación, redacción y mejora, diseñado para garantizar un aprendizaje significativo y resultados de alta calidad. Este enfoque combina trabajo autónomo, revisión entre iguales y apoyo docente, adaptado al contexto bilingüe del centro. El desarrollo del *Position Paper* se organiza de manera sistemática, trabajando por partes para garantizar un progreso continuo y una mejora constante, lo que permite a los estudiantes centrarse en cada sección del documento, asegurando que la calidad y la coherencia del trabajo final sean sobresalientes.

Figura 34. Proceso de desarrollo del Position Paper en el IES Valle del Saja.

01. CREACIÓN DEL ESQUEMA (OUTLINE)

Evaluación inicial: los estudiantes completan una primera versión con apoyo docente y del auxiliar de conversación.

Revisión y puntuación: valorada en 45 puntos, considerando claridad, organización y exhaustividad.

02. REDACCIÓN Y EVALUACIÓN POR PARTES

Introducción: redacción del tema y postura del país.
Autoevaluación (15 puntos) y Revisión por pares (15 puntos).

Cuerpo: desarrollo de argumentos con datos relevantes.
Autoevaluación (30 puntos) y Revisión por pares (30 puntos).

Conclusión: propuestas viables alineadas con la postura.
Autoevaluación (20 puntos) y Revisión por pares (20 puntos).

03. CREACIÓN Y REVISIÓN DEL 1er BORRADOR

Integración del borrador completo: los estudiantes combinan y ajustan todas las secciones en un primer borrador.

Autoevaluación: evalúan cohesión y coherencia del documento (25 puntos).

Revisión entre pares: compañeros ofrecen comentarios sobre el impacto global (25 puntos).

Retroalimentación docente: profesores y auxiliares proporcionan observaciones detalladas para la versión final.

04. REVISIÓN DEL PRIMER Y SEGUNDO BORRADOR

Primera revisión guiada: ajustes en lenguaje, gramática y estructura según comentarios previos.
Evaluación adicional supervisada por docentes y auxiliares: 25 puntos.

Segunda revisión guiada: perfeccionamiento final y revisión completa del documento.
Evaluación: 25 puntos.

05. PRESENTACIÓN DEL DOCUMENTO FINAL

Entrega del Position Paper: versión definitiva del documento.

Evaluación (40 puntos):
- Claridad y cohesión del texto.
- Precisión lingüística y vocabulario técnico.
- Calidad del análisis y las propuestas.

Puntuación total: el sistema de evaluación, estructurado por partes y fases, suma un total de 365 puntos:

- Esquema inicial: 45 puntos.
- Autoevaluaciones y revisiones por pares (por secciones): 180 puntos.
- Revisiones guiadas por docentes: 50 puntos.
- Documento final: 40 puntos.

Este sistema de preparación y revisión por partes, cuidadosamente estructurado, no solo garantiza un producto final de alta calidad, sino que también refuerza habilidades clave en los estudiantes, como la reflexión crítica, la capacidad de autoevaluarse y mejorar continuamente, y la adaptación a estándares académicos exigentes. Además, el enfoque iterativo fomenta una comprensión más profunda del tema tratado, permite a los estudiantes perfeccionar su uso del inglés académico y les prepara para abordar con confianza los debates y simulaciones que culminan el programa. En última instancia, este proceso no solo contribuye al éxito dentro del aula, sino que también dota a los participantes de competencias transferibles que serán esenciales en futuros contextos académicos y profesionales.

En definitiva, el programa *Global Classrooms* combina investigación, trabajo en equipo y aprendizaje práctico. Los estudiantes trabajan con materiales auténticos y aprenden a contrastar fuentes. Además, el inglés es la lengua vehicular en todas las fases, lo que refuerza sus competencias comunicativas y lingüísticas. Asimismo, también les sensibiliza sobre problemas globales como la pobreza, el cambio climático o los derechos humanos, fomentando una ciudadanía activa y responsable.

7.5. Escuelas embajadoras

El programa *Escuelas Embajadoras del Parlamento Europeo* (EPAS) es una iniciativa educativa impulsada por la Dirección General de Comunicación del Parlamento Europeo, destinada a alumnos de secundaria, bachillerato, formación profesional y educación especial (4º de ESO, 1º y 2º de Bachillerato y FP). Su principal objetivo es fomentar el conocimiento de Europa y la democracia parlamentaria europea entre los jóvenes, promoviendo una comprensión activa de la Unión Europea (UE) y, en particular, del papel del Parlamento Europeo.

Este programa no solo busca enseñar datos sobre la Unión Europea, sino también ofrecer a los estudiantes la oportunidad de experimentar lo que significa ser ciudadanos europeos. Los participantes aprenden cómo la Unión influye en su vida cotidiana y cómo pueden contribuir a construir la Europa que desean para el futuro. A través del EPAS, alumnos y profesores adquieren una visión más profunda de las oportunidades que ofrece la ciudadanía europea y toman conciencia de la importancia del Parlamento Europeo en los procesos de decisión comunitarios. Además, el programa busca inculcar la relevancia de participar en las elecciones al Parlamento Europeo, destacando el impacto de su voto.

Requisitos y selección de centros

Los centros educativos interesados en formar parte del programa deben inscribirse a través de un formulario detallado, donde se evalúan criterios como:

- Motivación para participar.
- Recursos que se destinarán al programa.
- Actividades previas realizadas sobre Europa.
- Experiencia europea del centro.
- Equilibrio geográfico, tipo de centro y entorno (zonas urbanas y rurales).

La participación en este programa permite al alumnado conocer mejor la Unión Europea y las oportunidades que esta ofrece, desarrollar una conciencia activa de la importancia de la democracia parlamentaria y valorar el impacto de sus decisiones como ciudadanos europeos.

Para los centros educativos, el EPAS representa una oportunidad única de proyectarse como referentes en la formación de ciudadanos globales, comprometidos con los valores europeos y la construcción de un futuro más democrático e inclusivo.

7.5.1. El programa Escuelas Embajadoras del Parlamento Europeo en el IES Cantabria

El IES Cantabria participa activamente en el programa *Escuelas Embajadoras del Parlamento Europeo* desde el año 2020/2021. Durante su etapa como *Escuela Embajadora*, el IES Cantabria desarrolló numerosas actividades encaminadas a sensibilizar al alumnado y al profesorado sobre los derechos y oportunidades que la ciudadanía europea ofrece, reforzar la importancia de la participación democrática, incluyendo el papel del voto en las elecciones al Parlamento Europeo y proporcionar un conocimiento práctico sobre las competencias y responsabilidades de la Eurocámara.

En el curso 2023-2024, el IES Cantabria inauguró su participación como *Escuela Mentora*, consolidando su trayectoria y compromiso con los valores europeos tras haber completado con éxito tres años como *Escuela Embajadora del Parlamento Europeo*. Este reconocimiento destaca su experiencia en el fomento del conocimiento de los ideales europeos y las instituciones de la Unión Europea. En esta nueva etapa como *Escuela Mentora*, el IES Cantabria no solo continúa desarrollando las actividades propias de las *Escuelas Embajadoras*, sino que asume un papel de liderazgo al guiar y apoyar a otros centros educativos que se inician en este programa. Esto incluye compartir buenas prácticas y experiencias acumuladas durante su participación, servir como referencia en la implementación de proyectos europeos y facilitar la colaboración entre centros educativos para fortalecer la red de escuelas comprometidas con los valores europeos.

Como parte del programa EPAS, el IES Cantabria asume una serie de compromisos esenciales:

- **Asistencia a formación en Madrid:** la coordinadora participa en jornadas de formación específicas para conocer en detalle el funcionamiento del programa.

- **Punto de Información Europea (*InfoPoint*):** se habilitó un espacio visible en el centro educativo para difundir información actualizada sobre la UE, sus valores, y las actividades del Parlamento Europeo. Además, también disponen de un *infopoint* online.

- **Celebraciones europeas:** entre las actividades destacadas, la conmemoración del *Día de Europa* el 9 de mayo se consolidó como un evento clave, que simboliza la paz y la unidad del continente.

- **Uso de materiales oficiales:** el programa facilitó recursos educativos en línea proporcionados por el Parlamento Europeo, que sirvieron de base para actividades y proyectos dirigidos a la comunidad educativa. https://learning-corner.learning.europa.eu/learning-materials_en

Reconocimientos y proyección

Gracias al esfuerzo colectivo, el IES Cantabria ha sido reconocido como un referente en educación europea en el ámbito local y nacional. Este programa refuerza la visión del instituto como un espacio de aprendizaje integral, en el que los estudiantes no solo adquieren conocimientos, sino también valores y competencias fundamentales para su desarrollo como ciudadanos globales.

Dentro de este marco de innovación y compromiso europeo, el instituto ha encontrado en su canal de radiotelevisión escolar una herramienta clave para potenciar esta visión, integrando la difusión de los valores de la Unión Europea con una experiencia práctica única para sus estudiantes.

Europe on Air: School Radio en el IES Cantabria

El IES Cantabria ha llevado su compromiso con la ciudadanía europea un paso más allá mediante su proyecto de radio escolar, *Europe on Air: School Radio*. Esta iniciativa, combina la comunicación y la educación para acercar los valores y la actualidad de la Unión Europea (UE) tanto a la comunidad educativa como al público en general.

El proyecto *Europe on Air* se ha diseñado con los siguientes objetivos:

- **Divulgación educativa:** promover el conocimiento sobre la Unión Europea (UE), sus instituciones y sus valores mediante contenidos accesibles y atractivos.

- **Participación activa:** involucrar al alumnado en un aprendizaje dinámico y práctico, desarrollando habilidades comunicativas y de producción multimedia.

- **Reflexión e intercambio:** facilitar un espacio para compartir las vivencias y aprendizajes de los proyectos Erasmus+ y otras actividades europeas del centro.

- **Proyección comunitaria:** acercar los temas europeos al conjunto de la comunidad educativa y a un público más amplio.

Programación y contenidos

Europe on Air organiza su programación en dos categorías principales, combinando temáticas educativas y experiencias personales:

- **Radio Programmes:** con programas dedicados a explorar aspectos fundamentales de la Unión Europea, como su historia, valores, instituciones y actualidad. Estos programas son elaborados por el alumnado con la guía del profesorado, combinando investigación, entrevistas y reportajes.

- **Radio Interviews:** con una serie de entrevistas realizadas a los participantes del programa Erasmus+, en las que comparten sus experiencias personales y aprendizajes tras participar en movilidades internacionales.

Impacto educativo y social

El impacto de *Europe on Air* es visible en varios niveles. En primer lugar, los estudiantes desarrollan competencias en comunicación, trabajo en equipo y uso de tecnologías digitales, además de profundizar su comprensión sobre Europa. En segundo lugar, la participación en la radio ofrece a los docentes herramientas innovadoras para enseñar temas europeos de manera práctica y atractiva. Por último, *Europe on Air* fortalece el vínculo entre el centro y su entorno, inspirando a las familias y al público a interesarse por los valores y las iniciativas de la UE.

El contenido de *Europe on Air* se emite a través de Spreaker, una plataforma que permite alcanzar audiencias locales e internacionales, lo que aumenta la visibilidad del proyecto y posiciona al IES Cantabria como un referente en el ámbito educativo europeo.

8. Consejos para adaptarse al entorno plurilingüe

Trabajar en un programa plurilingüe puede ser una experiencia enriquecedora y desafiante al mismo tiempo. A lo largo de este libro, hemos recopilado buenas prácticas y actividades basadas en las experiencias de docentes que compartieron aquello que desearían haber sabido al iniciar su carrera en la enseñanza plurilingüe. A continuación, presentamos un breve resumen de esas consideraciones clave:

Figura 35. Consejos para adaptarse al entorno plurilingüe.

01

FORMACIÓN CONTINUA

Familiarizarse con el enfoque AICLE y combinarlo con formación lingüística continua para una práctica efectiva.

02

ESTRATEGIAS DIFERENCIADAS

Adapta tus métodos a diferentes niveles de competencia lingüística.

03

REDES DE COLABORACIÓN

Participa en programas como VISITA o redes internacionales para intercambiar experiencias y mejorar tus prácticas.

04

AUTOEVALUACIÓN REGULAR

Realiza revisiones periódicas sobre el funcionamiento del aula para identificar mejoras y ajustar estrategias.

05

FLEXIBILIDAD Y ADAPTACIÓN

Mantente abierto/a a nuevas metodologías y ajusta tus enfoques según las necesidades del grupo.

Consideraciones finales

En este libro hemos querido hacer un recorrido por el enfoque AICLE, explorando desde los fundamentos teóricos hasta las estrategias prácticas para implementar un programa plurilingüe de éxito. A lo largo de estas páginas, hemos visto cómo este enfoque AICLE va más allá de la simple enseñanza de una lengua extranjera, convirtiéndose en una herramienta clave para el aprendizaje significativo de contenidos y el desarrollo de competencias clave para el siglo XXI.

Una enseñanza plurilingüe de calidad no solo enriquece la educación de nuestros estudiantes, sino que también contribuye a alcanzar los Objetivos de Desarrollo Sostenible de la Agenda 2030. Al fomentar la interculturalidad, la comprensión mutua y la colaboración global, estamos preparando a las nuevas generaciones para construir un futuro más justo y sostenible. En este contexto, una sociedad plurilingüe se convierte en sinónimo de riqueza y diversidad. El dominio de varias lenguas abre puertas a nuevas oportunidades, tanto a nivel personal como profesional. Además, la educación plurilingüe contribuye a preservar la diversidad cultural y lingüística, un aspecto fundamental para el desarrollo humano.

No obstante, la implementación de AICLE también presenta desafíos. La falta de recursos, la formación continua del profesorado y la adaptación de los currículos son algunas de las dificultades que pueden surgir. Sin embargo, las oportunidades que ofrece superan con creces estos obstáculos. Apostar por preparar a nuestros estudiantes para un mundo cada vez más globalizado y complejo es, sin duda, una inversión en su futuro y en el de nuestra sociedad.

Nada de esto sería posible sin vosotros y vosotras, docentes, quienes día a día construís una comunidad comprometida con la innovación educativa. Vuestro esfuerzo y dedicación hacen que la educación siga avanzando.

Referencias bibliográficas

Alba Pastor, C., Sánchez Serrano, J. M. y Zubilaga del Río, A. (2014). *Diseño Universal para el Aprendizaje (DUA). Pautas para su introducción en el currículo.* Recuperado de: http://www. educadua. es/doc/dua/dua_pautas_intro_cv. Pdf

Alberich. J. y Florit, C. (s. f.). *Aprenentatge integrat de continguts i llengua estrangera.* https://ateneu.xtec.cat/wikiform/wikiexport/cmd/lle/clsa/ index

Barbero, T. (2012). "Assessment tools and practices in CLIL". En F. Quartapelle (Ed.), *Assessment and evaluation in CLIL* (pp. 38-56). Ibis.

Berardo, S. A. (2006). "The use of authentic materials in the teaching of reading". *The Reading Matrix*, 6(2), 60-69.

Bonals, J. (1996). *El trabajo en equipo del profesorado.* Graó.

Caldarella, P., Larsen, R. A. A., Williams, L., Downs, K. R., Wills, H. P., & Wehby, J. H. (2020). "Effects of teachers' praise-to-reprimand ratios on elementary students' on-task behaviour". *Educational Psychology*, 40(10), 1306–1322. https://doi.org/10.1080/01443410.2020.1711872

Caparrós, C. (2010). "El auxiliar de conversación: una figura necesaria". *Espiral. Cuadernos del profesorado*, 3(5), 36-43.

Castillo-Rodríguez, C. y Prat Fernández, B. (2022). "Cooperative learning in the CLIL classroom: Challenges perceived by teachers and recommendations for Primary Education". *Educatio Siglo XXI*, 40(1), 79-106. https://doi. org/10.6018/educatio.433411

Castro Feinberg, R. (2002). *Bilingual Education–A Reference Handbook.* ABC-Clio.

Consejería de Educación, Formación Profesional y Universidades. (2024). *Resolución del 15 de enero de 2024, por la que se convoca al personal docente de los centros educativos de la Comunidad Autónoma de Cantabria sostenidos con fondos públicos autorizados para impartir un programa de educación bilingüe, a participar en el Programa VISITA (Visitas Intercentros en Sesiones de Intercambio, Transferencia y Asesoramiento).* Boletín Oficial de Cantabria, núm. 16, de 23 de enero de 2024, pp. 1605-1610. https://boc. cantabria.es

Cook, L. & Friend, M. (1995). "Co-teaching: Guidelines for creating effective practices". *Focus on Exceptional Children*, 28(3), 1-17. https://doi.org/10.17161/foec.v28i3.6852

Coskun, A. (2010). "A classroom research study on oral error correction". *Humanizing Language Teaching Magazine*, 12(3), 1-12.

Costa, A., Hernández, M., Costa-Faidella, J., & Sebastián-Gallés, N. (2009). "On the bilingual advantage in conflict processing: Now you see it, now you don't". *Cognition*, 113(2), 135–149. https://doi.org/10.1016/j.cognition.2009.08.001

Coyle, D. (2002). "Relevance of CLIL to the European Commission's Language Learning Objectives." En D. Marsh (Ed.), *CLIL/EMILE- The European Dimension* (pp. 27-29). UniCOM.

Coyle, D. (2007). "Content and Language Integrated Learning: towards a connected research agenda for CLIL pedagogies". *The International Journal of Bilingual Education and Bilingualism*, 10(5), 543-562.

Coyle, D. (2013). "Listening to learners: an investigation into 'successful learning' across CLIL contexts." *International Journal of Bilingual Education and Bilingualism*, 16(3), 244–266. https://doi.org/10.1080/13670050.2013.777384

Coyle, D. y Meyer, O. (2021). *Beyond CLIL. Pluriliteracies Teaching for Deeper Learning*. Cambridge University Press.

Coyle, D. Hood, P. & Marsh, D. (2010). *CLIL. Content and Language Integrated Learning*. Cambridge.

Dalton-Puffer, C. (2013). "A construct of cognitive discourse functions for conceptualising content-language integration in CLIL and multilingual education". *European Journal of Applied Linguistics*, 1(2), 216-253.

Dalton-Puffer, C. (2016). "Cognitive discourse functions: Specifying an integrative interdisciplinary construct". En T. Nikula, E. Dafouz, P. Moore, & U. Smit (Eds.) *Conceptualising integration in CLIL and multilingual education* (29-54). Multilingual Matters.

Dalton-Puffer, C., & Bauer-Marschallinger, S. (2019). "Cognitive Discourse Functions meet Historical Competences: Towards an integrated pedagogy in CLIL history education". *Journal of Immersion and Content-Based Language Education*, 7(1), 30-60.

De Dios, A. (2020). "Clases individuales". En F. Herrera & N. Sans (Eds.), *La gestión del aula de español: Desafíos y actuaciones* (pp. 74-77). Difusión.

Echevarria, J., Voght, M.E., Short, D., & Toppel, K. (2023). *Making Content Comprehensible for Multilingual Learners: The SIOP® Model.* Pearson.

Edwards, H. T., & Kirkpatrick, A. G. (1999). "Metalinguistic awareness in children: A developmental progression". *Journal of Psycholinguistic Research, 28*, 313–329. https://doi.org/10.1023/A:1021870325166

Ellis, R. (2003). *Task-based language teaching and learning.* Oxford University Press.

Ellis, R. (2009). "Task-based language teaching: sorting out the misunderstandings". *International Journal of Applied Linguistics, 19*, 221-246. https://doi.org/10.1111/j.1473-4192.2009.00231.x

Eurydice. (2006). *Aprendizaje integrado de contenidos y lenguas (AICLE) en el contexto escolar europeo.* Ministerio de Educación y Ciencia.

Frank, A. (2019). *The diary of a young girl.* Penguin books.

Gibbons, P. (2002). *Scaffolding Language, Scaffolding Learning: Teaching English Language Learners in the Mainstream Classroom.* Heinemann.

Gilmore, A. (2007). "Authentic materials and authenticity in foreign language learning". *Language Teaching, 40*(2), 97-118.

Guariento, W.; & Morley, J. (2001). "Text and task authenticity in the EFL classroom". *ELT Journal, 55*(4), 347-353.

Hernández, M., Martin, C. D., Barceló, F., & Costa, A. (2013). "Where is the bilingual advantage in task-switching?" *Journal of Memory and Language, 69*(3), 257–276. https://doi.org/10.1016/j.jml.2013.06.004

Julián de Vega, C. (2007). "La importancia de la coordinación en la implantación de modelos AICLE". *GRETA Journal, 15*, 14-19.

Julián de Vega, C. (2013). "La coordinación docente en modelos AICLE". *Padres Y Maestros / Journal of Parents and Teachers, 349*, 21–24.

Johnson, D. W., Johnson, R. T. y Holubec, E. J. (1999). *El aprendizaje cooperativo en el aula.* Paidós.

Johnson, D. W., Johnson, R. T., & Holubec, E. J. (2013). *Cooperation in the Classroom* (9th ed.). Interaction Book Company.

Llinares, A., & Dafouz, E. (2010). "Content and language integrated programmes in the Madrid region: Overview and research findings" .En D. Lasagabaster &

Y. Ruiz de Zarobe (Eds.), *CLIL in Spain: Implementation, results and teacher training* (95-114). Cambridge Scholars.

Llinares, A. & Dalton-Puffer, C. (2015). "The role of different tasks in CLIL students' use of evaluative language". *System*, 54, 69-79. https://doi.org/10.1016/j.system.2015.05.001

Llul, J., Fernández, R., Johnson, M., y Peñafiel, E. (2016). *Planning for CLIL: Designing effective lessons for the bilingual classroom*. Editorial CCs.

López Medina, B. (2022). *Scaffolding. Cuándo, cómo y para qué utilizarlo en el aula de español como lengua extranjera (E/LE)*. Comares.

López, N. (2007). *Equidad educativa y desigualdad social: desafíos de la educación en el nuevo escenario latinoamericano*. UNESCO.

Lorenzo, F., Granados, A., and Rico, N. (2021). "Equity in bilingual education: socioeconomic status and content and language integrated learning in monolingual southern Europe". *Applied Linguistics*, 42, 393–413. https://doi.org/10.1093/applin/amaa037

Lorenzo, F. y Moore, P. (2010). "On the natural emergence of language structures in CLIL: towards a theory of European educational bilingualism". En C. Dalton-Puffer, T. Nikula, and U. Smit (eds.), *Language Use and Language Learning in CLIL Classrooms* (pp. 23-38). John Benjamins.

Lova Mellado, M. y Bolarín Martínez, M. J. (2015). "La coordinación en programas bilingües: las voces del profesorado". *Aula Abierta*, 43(2), 102-109. https://doi.org/10.1016/j.aula.2015.03.001

Mas-Herrero, E., Adrover-Roig, D., Ruz, M., & de Diego-Balaguer, R. (2021). "Do bilinguals outperform monolinguals in switching tasks? Contrary evidence for nonlinguistic and linguistic switching tasks". *Neurobiology of Language*, 2(4), 586–604. https://doi.org/10.1162/nol_a_00059

Mazzarella, C. (2008). "Desarrollo de habilidades metacognitivas con el uso de las TIC". *Investigación y Postgrado*, 23(2), 175-204. http://ve.scielo.org/scielo.php?script=sci_arttext&pid=S1316-00872008000200007&lng=es&tlng=es

McGrath, I. (2002). *Materials Evaluation and Design for Language Teaching*. Edinburgh University Press Ltd.

Mehisto, P., Marsh, D., & Frigols, M. J. (2008). *Uncovering CLIL: Content and Language Integrated Learning in Bilingual and Multilingual Education*. Macmillan Education.

Mehisto, P. (2012). "Criteria for producing CLIL material". *Encuentro*, 21, 15-33.

Ministerio de Educación, Formación Profesional y Deportes. (2024). *Auxiliares de conversación extranjeros en España. Guía 2024-2025*. Secretaría General Técnica.

Miyake A., Friedman N. P., Emerson M. J., Witzki A. H., Howerter A., Wager T. D. (2000). "The Unity and Diversity of executive functions and their contributions to complex "frontal lobe" tasks: a latent variable analysis". *Cognitive Psychology*, 41, 49–100. https://doi.org/10.1006/cogp.1999.0734

Morton, T. (2019). "La evaluación en AICLE: dificultades y oportunidades". *Padres Y Maestros / Journal of Parents and Teachers*, (378), 11–18. https://doi.org/10.14422/pym.i378.y2019.002

Mufarrohah, S.; Munir, A., Anam, S. (2022). "Authentic materials of choice among English lecturers". *Linguistic, English Education and Art (LEEA) Journal*, 5(2), 162-174. https://doi.org/10.31539/leea.v5i2.1280

Nifli, J. (30 de marzo de 2021). *Selecting authentic materials to promote language learning*. The Art of TEFL. https://ioannanifli.wordpress.com/2021/03/30/selecting-authentic-materials-to-promote-language-learning/

Nikula, T.; Nashaat-Sobhy, N.; Minardi, S.; Gülle, T.; Yalçın, S.; Duman, S.K.; Bozbıyık, M.; Delibegović Džanić, N.; Ellison, M.; Gerns, P.; Gómez, E.; Hanušová, S.; Kováčiková, E.; Kääntä, L.; Lin, A.; Llinares, A.; Yi Lo, Y.;Lopriore, L.; Meyer, O.; Morton, T.; Neville, C.; Rannu, K.; Sağlamel, H.; Sula, G.; Sulkunen, S.; Pavičić Takač, V.; Tiermas, A.; Ting, T.; Tsagari, D.; Yüksel, G.; Žmavc, J. (2024): *Towards an initial operationalisation of disciplinary literacies: A paper by CLILNetLE Working Group 1. V1*. PHAIDRA repository (University of Vienna). https://hdl.handle.net/11353/10.2050621

Novotná, J., Moraová, H., & Hofmannová, M. (2003). "Using original textbooks when teaching mathematics in a foreign language". *Proceedings CERME 3*, Bellaria, Italy. /https://people.fjfi.cvut.cz/novotant/jarmila.novotna/No-Mo-Hof-CERME3.pdf

Omomia, O. A., y Omomia, T.A. (2014). "Relevance of Skinner's Theory of Reinforcement on Effective School Evaluation and Management". *European Journal of Psychological Studies*, 4(4), 2409-3297. https://doi.org/10.13187/ejps.2014.4.174

Orden ECD/123/2013, de 18 de noviembre, que regula los programas de educación bilingüe en los centros docentes de la Comunidad Autónoma de Cantabria.

Otero, T. L. y Haut, J. M. (2016). "Differential effects of reinforcement on the self-monitoring of on-task behavior." *School psychology quarterly*, 31(1), 91–103. https://doi.org/10.1037/spq0000113

Pavón, V. (2014). "Enhancing the quality of CLIL: making the best of the collaboration between language teachers and content teachers". *Encuentro. Revista de investigación e innovación en la clase de idiomas*, 23, 115-117.

Pérez Cañado, M. L. (2018). "The effects of CLIL on L1 and content learning: Updated empirical evidence from monolingual contexts". *Learning and Instruction*, 57, 18-33. https://doi.org/10.1016/j.learninstruc.2017.12.002

Pérez Cañado, M. L. (2021). "CLIL-ising EMI: An analysis of student and teacher training needs in monolingual contexts". En C. Hemmin and D. Banegas (Eds.) *International perspectives on CLIL* (pp. 171-191). Springer International Publishing.

Pérez Fernández, L. M. (2024a). *Clases de lenguas extranjeras inclusivas*. Dykinson.

Pérez Fernández, L. M. (2024b). *Translanguaging in Multicultural Societies: Beyond Borders*. Palgrave Macmillan.

Pérez Márquez, M. E. (2008). "La enseñanza del inglés: un antes y un después de la implantación de la enseñanza bilingüe". *Revista Aula de Innovación Educativa*, 168, 17-20.

Pinner, R. (2013). "Authenticity of purpose: CLIL as a way to bring meaning and motivation into EFL contexts". *Asian EFL Journal Research Articles*, 15(4), 49-69.

Prior, A., & Macwhinney, B. (2010). "A bilingual advantage in task switching". *Bilingualism*, 13(2), 253–262. https://doi.org/10.1017/S1366728909990526

ter Kuile, H., Veldhuis, M., van Veen, S., & Wicherts, J. (2011). "Bilingual education, metalinguistic awareness, and the understanding of an unknown language". *Bilingualism: Language and Cognition*, 14(2), 233–242. https://doi.org/10.1017/S1366728910000258

Ting, T. (2010). "CLIL appeals to how the brain likes its information: examples from CLIL-(neuro)science". *International CLIL Research Journal*, 3, 1–18.

UNESCO. (2016). *Educación 2030: Declaración de Incheon y Marco de Acción para la realización del Objetivo de Desarrollo Sostenible 4: Garantizar una educación inclusiva y equitativa de calidad y promover oportunidades de aprendizaje permanente para todos*. Organización de las Naciones Unidas para la Educación, la Ciencia y la Cultura.

Vygotsky, L. (1978). *Mind in Society: The Development of Higher Psychological Processes*. Harvard University Press.

Willis, J. (1996). *A framework for task-based learning*. Longman.

Wood, D., Bruner, J. y Ross, G. (1976). "The role of tutoring in problem solving". *Journal of Child Psychology and Psychiatry, 17*(2), 89-100.

Zavorotna, O. (2020). "Using authentic texts for CLIL at University". En *Modern global trends in the development of innovative scientific researches: Conference proceedings, March 20th, 2020* (pp. 12-14). Baltija Publishing. https://doi.org/10.30525/978-9934-588-39-6-4